GUONEIWAI KEXUECHENG
JIANSHEMOSHI YU ZHENGCEYANJIU

国内外科学城
建设模式与政策研究

何悦 苏瑞波 陈雪 著

新华出版社

图书在版编目（CIP）数据

国内外科学城建设模式与政策研究 / 何悦，苏瑞波，
陈雪著．
——北京：新华出版社，2021.11
ISBN 978-7-5166-6122-2

Ⅰ.①国… Ⅱ.①何… ②苏… ③陈… Ⅲ.①高技术—
经济开发区—经济建设—研究—世界 Ⅳ.① F113

中国版本图书馆 CIP 数据核字（2021）第 231602 号

国内外科学城建设模式与政策研究

作　　者：何　悦　苏瑞波　陈　雪

责任编辑：蒋小云　　　　　　　　封面设计：吴晓嘉

出版发行：新华出版社
地　　址：北京石景山区京原路 8 号　邮　　编：100040
网　　址：http://www.xinhuapub.com
经　　销：新华书店
　　　　　新华出版社天猫旗舰店、京东旗舰店及各大网店
购书热线：010-63077122　　　中国新闻书店购书热线：010-63072012

照　　排：天　一
印　　刷：新乡市天润印务有限公司
成品尺寸：170mm×240mm　　　1/16
印　　张：10　　　　　　　　　字　　数：168 千字
版　　次：2021 年 11 月第一版　　印　　次：2021 年 11 月第一次印刷
书　　号：ISBN 978-7-5166-6122-2
定　　价：38.00 元

引　言

党的十九大报告特别强调，建设创新型国家，要瞄准世界科技前沿，强化基础研究，实现前瞻性基础研究、引领性原创成果重大突破。新形势下广东创新驱动发展必须以源头创新为引领，从以前跟跑为主转向以并跑领跑为主。习总书记在对广东提出"四个走在全国前列"的重要指示中明确广东要强化创新驱动能力，克服产业发展中核心技术、关键零部件、重大装备受制于人的状况，实现创新驱动发展。欧美发达国家一直以来都将科学城作为推动基础研究和科技成果转化的重要载体，新形势下加快科学城建设，打造区域创新资源集聚的核心载体，成为提升地区竞争力的关键。

本书旨在从打造广东省高质量发展创新源的战略目标出发，拓展国际视野，对标国际国内科学城的建设模式及政策，以期能为广东省科学城建设提供良好的经验借鉴，推动广东省科学城创新功能整体提升。

目　录

第一章
科学城概述

第一节　科学城的内涵

　　科学城是以基础研究、应用研究和产业前沿技术研究为主，以大科学装置、重大创新平台和实验室为支撑，集聚大学、科研院所、创新企业、创新人才、科技金融企业等创新要素，有效推动基础和应用研究进行科技成果转化的创新载体。目前科学城已经成为衡量区域科技创新实力的重要标准。自20世纪50年代世界上第一个科学城——新西伯利亚科学城问世，科学城已经走过了近70年的历史。近年来，随着全球科技信息化和城市化的浪潮不断推进，科学城建设在我国方兴未艾，新一轮高技术中心战略成为各地吸引科技资源和创新型人才、促进地区竞争力提升和经济繁荣发展的策略。建设具有新内涵的现代科学城，不仅有利于促进科学资源交流和科学事业长足发展，还可通过其产生的外溢效应，促进其所在城市集聚创新要素，构建创新驱动体系，推进城市高质量发展。

　　世界科技强国都有自己引以为傲的科学城，如美国的斯坦福科学城、日本的筑波科学城、德国的慕尼黑科学科、瑞典的西斯塔科学城等，这些科学城的设立对推动国家科技创新和经济发展起到了重要的作用，为国家发展成为世界科技强国提供了重要的科技基础与支撑。

第二节　科学城的特征与对比分析

一、科学城的主要特征

从内涵上来说，科学城和高新区、科技创新中心、综合性国家科学中心有相似或者交叉的地方，某些情况下，这几个概念甚至不能完全区分开。之所以出现这样的情况，是因为它们都是在发展过程中逐渐出现的区域创新发展模式，是各区域根据自身发展需求和区域特点、经济实力、资源配置等情况综合考量建设起来的。科学城、高新区、科技创新中心、综合性国家科学中心的内在需求和核心动力虽然都在于创新发展，但职能各有不同，不能简单地区分主次优劣，而是要对比研究、仔细甄别，研究透彻它们各自的特点，才能准确定位、合理匹配，真正发挥区域综合创新优势。

科学城的主要特征有四个：第一，主要功能结构有科研与生产区、居住小区、公共商业中心区和大型绿地区等；第二，为保证科研与高等教学活动高质量地进行，需有良好的环境和市政设施；第三，人口规模不大，基本人口虽占大多数，但流动人口多；第四，离中心城市不远。科学城从诞生之初至今，历经数十年的发展变化，在不同国家和地区都有成功的案例，而且各具特色，但是，其核心本质不脱以上四个特征。接下来，我们将科学城同高新区、科技创新中心、综合性国家科学中心分别对比，在对比中更加深刻地体会科学城的四个主要特征，以及不同区域创新载体各自的特点。

二、科学城与高新区的异同

科学城和高新区都是区域创新的重要载体、平台，发展定位方面都在于科技创新、成果转化、引领科技创新前沿，发展的核心要素都是人才。这是两者相同的地方。

然而，科学城与高新区作为区域创新的重要载体，虽然园区的整体构成形态具有一定的相似性，但在园区发展定位、核心创新要素、核心创新平台、产业发展方向等方面具有自身的独特性和侧重点（见表1）。

表 1　科学城和高新区的对比

比较项	科学城	高新区
园区发展定位	以基础研究、应用研究和产业前沿技术研究为主，以大科学装置、重大创新平台和实验室为支撑，推动基础和应用研究进行科技成果转化的创新载体	依托于智力密集、技术密集和开放环境，依靠科技和经济实力，推动园区高新技术企业和产业创新发展、科技成果转化
核心创新要素	高端研发机构、科学家、知识为主	企业、研发机构、高端人才、科技金融为主
核心创新平台	大科学装置、国家实验室等重大创新平台为主	企业创新平台、公共技术平台、新型研发机构为主
产业发展方向	未来产业创新发展的前沿研究，代表世界科技和产业发展前沿	科技成果转化和产业化，高新技术企业培育

从上表可以看出，科学城和高新区的不同从根本上说在于科技创新的层次和领域不同，因此，两者发展所依托的技术、需要的人才各有侧重，未来的发展重点自然也不相同。简单地说，科学城更为基础，影响更为深远，高新区更为具体、实际。

科学城是专门设置科学研究和高等教育机构的一种卫星城。卫星城是相对独立完整的，一般情况下都在大城市管辖区范围内，即使不在，也与市中心相距不到100km，通常人口规模在数万以上，是在生产、生活等方面都十分依赖大城市市区的城镇。高新区往往是城市的有机组成部分，也称为高新技术产业开发区，是改革开放以来，我国一些先发展起来的具备知识密集、技术密集的产业集群的大中城市和沿海地区，为了进一步发挥技术优势，扩大产能和产业集群，建立和发展起来的产业开发区。可见，科学城是相对完整独立的城镇，高新区则是城市中承担特定生产发展任务的区域。

科学城是以基础研究、应用研究和产业前沿技术研究为主，以大科学装置、重大创新平台和实验室为支撑，推动基础和应用研究进行科技成果转化的创新载体。

基础研究虽然不以任何专门或特定的应用或使用为目的，但其成果以科学论文和科学著作为主要形式，用来反映知识的原始创新能力。《国家中长期科学和技术发展规划纲要（2006—2020）》（以下简称《规划纲要》）对今后十五年科技工作做出了总体部署，确定了"自主创新，重点跨越，支撑发展，引领未来"的指导方针，提出了建设创新型国家这一总体目标。要想真正提高我国原始性创新能力，实现智力资本的增加增长，必须加强基础研究，这是所有国家跻身世界科技强国之列的必经之路和必要要求，同时也是我国建设创新型国家的源泉和根本动力。应用研究用来反映对基础研究成果应用途径的探索，其成果形式以科学论文、专著、原理性模型或发明专利为主。高技术产业领域中的产业前沿技术往往具备前瞻性、先导性和探索性，一般都是领域中的重大技术，同时也是未来新兴产业发展、高技术更新换代的基础性技术，因此，产业前沿技术水平自然也体现了一个国家的高新技术综合创新能力。大科学装置是指进行基础性科学研究必备的大型设施，是实现重要科学技术目标的必要设施，其建设往往需要大规模的投入以及大型工程建设来辅助完成，不过，建成后能够长期稳定运行，并持续地开展科学技术活动。重大创新平台和实验室则是科技成果向科技产业转化的重要平台。高新区也是高精尖技术集聚区，涉及范围包括但不限于：空间科学与航空航天技术，能源科学与新能源、高效节能技术，微电子科学与电子信息技术，材料科学与新材料技术，光电子科学与光机电一体化技术，生命科学与生物工程技术，生态科学与环境保护技术，地球科学与海洋工程技术，基本物质科学与辐射技术，医药科学与生物医学工程，以及其他应用于传统产业的新技术、新工艺。随着科技的发展，产业升级、区域规划、国家科技战略调整等情况的变化，高新区所涉及的高精尖技术领域也在发生变化。从发展定位来看，科学城处于国家层面，突出科学创新能力；高新区处于区域层面，注重地区产业转型。

现代科学城以高端研发机构、科学家、知识为核心创新要素，多在高校林立的地区周边或已经发展成熟的高新区核心地带、拥有良好投资环境的现代化大都市附近开展项目。科学城规划多是先引入大科学装置，打造科学设计集群，为基础科学、高精尖科学领域的研究发现创造物质条件；同时吸引科研领域顶尖科学家项目组、专家学者入驻，引领地区收获科研成果；然后着力打造新兴科创产业孵化器，将科研成果转化为创新产业，运用到实际生活中，真正实现以科技创新推动产业升级发展。科学城是放在世界层面开展人才竞争的，其人才战略也具有世界格局。为了吸引全世界的人才入驻，打造宜居宜业的现代化小体量高科技人才社区几乎成了科学城的"门槛"，在此之上，有的科学城着力做好城市服务，有的科学城大力搞好城市建设，有的科学城提供资金或住房优惠等。科学城的发展核心动力与城市建设的焦点都聚焦在科研和人才上，以科学的思路渗透城市的各个方面，又用科学的方法实现以人为本的建设初衷，将科学落在人身上，使科学成为人们谋求可持续发展的有力武器。高新区具有以下七大功能：第一，集中建立和发展高新技术产业，成为地方的高新技术产业集聚地；第二，加速高科技研究成果转化，打造科技创新创业的示范区；第三，大胆开拓，深化改革，成为加快体制创新的试验区；第四，带头实施科技兴贸战略，积极打造高科技产业对外开放展示区；第五，根据自身产业优势和发展需求，整合当地资源，打造一流院校，着力为高新技术企业培养高精尖人才和一流企业家，造就高新技术企业；第六，成为当地产业发展的辐射源，用高新技术改造传统产业，带动当地产业全面转型升级；第七，以社会主义现代文明为核心价值导向，建设政治、经济、文化和谐统一的，符合中国特色社会主义发展道路的现代化新社区。高新区是产业布局，以企业、研发机构、高端人才、科技金融为核心创新要素，重在"科技兴贸"，以及培养现代化商人，发展到一定程度后可能会由于人口（主要是员工）的大量迁入兴建住宅、学校、医院、商业区等基本设施，向新型社区发展。

科学城和高新区的发展定位和核心创新要素、核心创新平台等共同决定了科学城的发展重点是未来产业创新发展的前沿研究，代表世界科技和产业发展前沿，高新区的发展重点是科技成果转化和产业化，高新技术企业培育。

综上所述，科学城和高新区在区域创新发展中有着共同的大目标，同时也各有侧重点，在结构上完善了区域创新发展体系，在内容上丰富了区域创新发展领域，在效果上必将助力区域创新发展的全面开展。科学城和高新区都是顺应社会科技发展进步、区域产业升级转型、国家综合实力提升而逐步产生的，是发展过程中的新尝试、新常态，也必将在发展中继续完善。

三、科学城与科技创新中心的异同

由于语境的影响，也有人时常把科学城与科技创新中心的概念混淆，事实上两者差异还是很大的，对比分析两者的异同，有助于加深对科学城概念和内涵的理解，也有助于了解我国的创新发展全面布局。

科学城与科技创新中心之间最大的相似在于，它们都是功能比较齐备的城市区域，在科技发展的同时都非常重视城市建设、人文生活、环境保护等，并且将城市管理等也纳入发展中，以科技创新完善城市管理，以城市管理促进人才交流、创新发展。

表 2　科学城和科技创新中心的对比

比较项	科学城	科技创新中心
典型代表	北京中关村、广州科学城（黄浦区）等	上海、北京
战略层级	城市战略	国家战略
规模	大城市的卫星城或独立城区	一般是大型城市或城市群
功能	创新链条比较完整，创新要素比较齐全，城市功能比较完备	创新链条完整，创新要素齐全，城市功能完备
审批机构（或认可机构）	地方结合园区建设或项目实施加以命名	国务院相关文件或批复中认可
提出时间	广州科学城 1998 年 12 月 28 日正式奠基启动；2011 年 10 月，《中关村科学城发展规划》发布	国务院分别于 2016 年 4 月、9 月印发上海方案和北京方案
战略层级	城市战略	国家战略
主导力量	城市职能部门	国家 / 省市职能部门
建设目标	具有国家乃至国际的科研影响力，可以支撑科技创新中心并且带动城市发展	增加地区在国家乃至国际的科研影响力
其他主要特征	重大科学装置集群	国际化高端人才
	顶级国家 / 企业科学实验室	一流大学 / 科研机构
	一流大学 / 科研机构	众多科创企业，形成集群
	完备的城市服务 / 城市功能	发达的科技金融服务
	优质的科学研发企业	宽松的创新文化环境
	以基础科学研究为核心任务	完备的政策制度

由上表可以看出，科学城和科技创新中心最大、最明显的不同在于区域覆盖范围，也就是规模，规模不同必然导致二者其他方面的差异。

首先，在规模上，科技创新中心比科学城更大。科技创新中心一般对应的是大型城市或城市群的发展战略，如上海、北京、粤港澳大湾区等；而科学城更多的是科技创新中心中划定的一个特定区域，一般处于科技创新中心的辐射范围内，为科技创新中心的有机组成部分，如北京中关村、广州科学城等。

其次，从规模上就能看出二者的战略层级不同。科技创新中心是国家战略层面，由国务院批准设立，一般为大型城市或主要城市群；科学城是城市战略层面，属于地方项目，一般是大城市的卫星城或主要区域。可见，创新发展，建设创新大国、强国，不能仅靠国家布局，各地区、各城也要根据自身条件、资源、发展需要等，在国家创新发展的大格局之下，积极扩展城市战略层面的创新产业发展格局，以期实现创新技术研发和创新产业发展。

再次，由于战略层级的不同，其目标自然也不同。科技创新中心在国家层面，影响的是整个国家甚至国际上的创新发展方向；科学城位于城市层面，向上要符合大方向，向下要贴近地区实际，如此才能真正有所作为。但是，科学城也是科技创新中心的组成部分，也在具体的工作和领域中影响着国家创新水平、创新成果，甚至影响着世界特定领域创新发展的学术交流等。两者之间也是相互影响的关系，科技创新中心可以为科学城的发展提供大方向，科学城的实际发展也会反过来影响科技创新中心的目标调整。在理想状态下，二者相互影响并能各自独立发展，是相互促进的关系。

最后，二者的城市职能也因规模不同而有所不同。科技创新中心是大而全，一般对应的是整个城市或城市群的发展战略，关键要素包括国际化高端人才、一流大学和科研机构、众多创新创业企业、发达的科技金融服务、宽松的创新文化环境、完备的制度政策体系等。科学城则"小而美"，城市体量不大，人口一般控制在30万以内，面积也不会很大，但是集聚重大科学装置集群、顶级国家和企业科学实验室、一流大学和科研机构，以基础科学研究为核心任务，为创新科技发展与产业转型升级提供强大的科研创新平台。科学城的成果转化非常有效率，因此也产生和吸引了一批优质的科学研发企业，进一步加强了产学研的结合，使得科学研发与产业发展、技术升级构成一个链条，让位于顶层的科学技术能够快速地实现经济效益。同时，科学城非常重视城市建设，以未来城、科技城为模板，重视城市的基础设施配套，以及人文、环境、医疗等方面的建设，依靠完备的城市服务和城市功能吸引国内外高精尖人才入驻，也将最新的科研成果与城市发展相结合，在城内率先进行诸如无人驾驶等技术的实验应用。

四、科学城与综合性国家科学中心的异同

科学城与综合性国家科学中心也是由于"城"的语义指向不明确而常常被人混淆。事实上，科学城和综合性国家科学中心两个概念互有交叉和重叠，有些区域兼有综合性国家科学中心和科学城的双重身份，如北京怀柔、上海张江、合肥科学岛。

表3　科学城和综合性国家科学中心的对比

比较项	科学城	综合性国家科学中心
典型代表	杭州未来科技城、上海张江科学城等	上海张江、安徽合肥、北京怀柔
规模	大城市的卫星城或独立城区	一般依托大城市中相对集中的区域
功能	创新链条比较完整，创新要素比较齐全，城市功能比较完备	以提升基础研究水平、强化原始创新能力为主
审批机构（或认可机构）	地方结合园区建设或项目实施加以命名	国家发改委、科技部
提出时间	2010年年初，杭州未来科技城（海创园）正式启动，2017年7月，上海市政府正式批复原则同意《张江科学城建设规划》	上海张江、安徽合肥、北京怀柔综合性国家科学中心分别于2016年2月、2017年1月、2017年5月获批
战略层级	城市战略	国家战略
主导力量	城市职能部门	国家/省市职能部门
建设目标	具有国家乃至国际的科研影响力，可以支撑科技创新中心并且带动城市发展	具有国家乃至国际的科研影响力，可以支撑科技创新中心的建设

（续表）

比较项	科学城	综合性国家科学中心
其他主要特征	重大科学装置集群	专业化基础科研基地
	顶级国家／企业科学实验室	一般含有国家实验室
	一流大学／科研机构	形成产学研联盟
	完备的城市服务／城市功能	重大科学技术设施集群
	优质的科学研发企业	创新基地
	以基础科学研究为核心任务	突破世界性科学难题及前沿科技瓶颈

　　从上表可以看出，科学城和综合性国家科学中心同样作为基础科研创新产业的载体，都拥有大型的、基础的创新研发平台和设备，具有面向全国乃至世界的创新研发影响力，都积极推动创新研发的产业化，实现科研成果向经济效益的转化，且二者在资源的构成方面也多有交叉，这是两者的相似之处。

　　但科学城和综合性国家科学中心其实也有着明显的不同，它们既有地域上、战略层面的差别，又有功能上的差别，并不能等同来看。从区域上来说，科学城是大城市的卫星城或独立城区，综合性国家科学中心依托创新型大城市相对集中的区域。从战略层面来说，科学城是城市战略，而综合国家性科学中心是国家战略。从功能上来说，科学城可以说是未来城市的雏形，是小而美、可持续、以创新科技为核心发展动力的科技城；综合性国家科学中心则更强调原始的创造力，是科学城的重中之重，其创新影响力覆盖科学城，面向全国和全世界。

　　简而言之，科学城小而专，是区域创新能力的集中体现；综合性国家科学中心依托先进的国家实验室、创新基地、产学研联盟等重大科技基础设施群，以多学科、多领域、多主体、交叉型、前沿性基础科学研究、重大技术研发和促进技术产业化为重点任务，如上海张江综合性国家科学中心、合肥综合性国家科学中心、北京怀柔综合性国家科学中心等。与之相比，科学城的城市职能是非常明显和突出的，二者不能混为一谈。综合性国家科学中心的良好建设和运作，能够助力区域科技创新实力整体提升，带动若干科学城的科研发展；科学城的进一步发展，必然需要更高层次的科研活动引路。综合性国家科学中心是更为基础和普遍的，但是专业性极强，相关人才少、设备投入大，而且转化难度大、周期长。对于国家和地区的创新发展而言，综合性国家科学中心是必不可少的，但也不能贸然布局。科学城作为城市科技创新产业发展的重要载体，不仅能聚集人才、建设平台、发展生产、带动区域科研创新和产业升级，而且也为综合性国家科学中心的建设创造了需求和条件。

　　总体而言，各类科技承载地区的差异主要体现在空间尺度、建设主体、审批管理主体等方面。具体而言，相比于科学城，高新区属于单一行政城区尺度，由企业主导推动，以产业创新发展为导向，没有完备的城市服务功能；科技创新中心属于区域尺度，战略层级更高，由国家及省市职能部门主导；综合性国家科学中心属于行政审批名词而非空间概念，与科学城有所交叉。从空间尺度和功能包含关系上，四者的关系如图 1 所示。

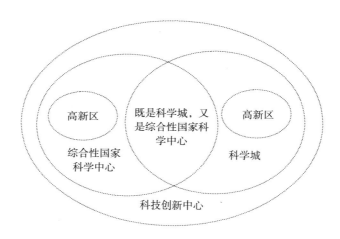

图 1　科学城、高新区、科技创新中心、综合性国家科学中心关系图

　　科学城、高新区、科技创新中心、综合性国家科学中心都是区域创新产业升级的载体，在我国创新产业发展的宏伟蓝图上扮演着不同的角色，在城市和区域发展中发挥着不同的作用，在国家创新发展中担负着不同的责任。它们之间独立运作又相互影响，共同组成了我国未来创新科技产业的宏大系统，从原始创新能力，到基础创新平台，到科技创新城市，再到区域创新经济，乃至全国创新产业发展。对于科学城的认识，应当从宏观上看到它的战略位置，进而认识它的职能、功能、目标等，这样就不会将科学城与其他创新研发载体形式混淆，同时也能清楚地看到创新科技对当今世界和当下社会的影响。

第三节　科学城的理论基础

首先，科学城是社会发展、科技进步、产业转型的必然选择，是顺应时代潮流和地区发展的必然产物。随着我国经济步入新常态，要素驱动和投资驱动的经济增长方式逐步转变为创新驱动。从发展方式来看，要素驱动和投资驱动的经济增长方式是规模速度型粗放增长，而创新驱动的经济增长方式是质量效率型集约增长；从产业结构来看，要素驱动和投资驱动的经济增长方式是中低端水平，而创新驱动的经济增长方式是中高端水平。经济增长方式和产业结构的变化是不可避免的，但也是循序渐进的。建设科学城是在当前发展稳定的前提下，主动进入到下一个发展阶段中，让变化在平稳中有序进行，减少或者避免这种变化对社会的震荡和负面影响。

其次，科学城建设是实现以创新驱动为核心的未来发展模式的重要手段。在当今激烈竞争的市场环境下，创新能力已日渐成为衡量国家综合实力的重要指标。我国更是将创新驱动提升到国家战略的高度，提出"提高自主创新能力，建设创新型国家"的战略决策。创新能力的提升，对于区域经济的发展起着至关重要的作用。只有不断提高区域创新能力，区域经济才能获得持续增长和发展，才能创造出自身的竞争优势。科学城是依附大城市、高校、科研机构，以大科学装置为平台，融合创新科技企业、孵化器、科学金融等，全面实现高精尖技术产学研一体化的卫星城。科学城既有创新内核，又具备完善的城市职能，目前是非常成功的科技创新产业联动地区发展的模式。

理论指导实践，科学城的成功可以从其理论基础上加以分析。下文基于创新理论视角，从区域创新体系、创新网络、创新生态、增长极等来探讨科学城的理论基础。通过了解科学城的理论基础，能够更好地把握科学城的内涵，体会其对于区域经济发展、国家科学创新、产业升级转型的重要影响，感受科学城建设的必要性和重要性。

一、区域创新体系理论

区域创新体系理论的产生背景是：20 世纪 90 年代以来，世界经济发展越来越呈现出区域化的特征，国与国之间的竞争日益体现为各个国家的区域之间的竞争。而区域创新正在成为越来越多的国家增强区域竞争优势、实现区域发展的重要途径。

相应地，对创新体的研究也扩展到了区域层面。其中一个典型的代表就是美国的硅谷，硅谷的迅速崛起对世界经济格局影响极大，同时也强有力地证明了创新不只存在国与国的竞争之间，也在一国内部的区域之间，创新是强有力的发展推动力，区域创新有利于技术突破与转化，进而带动整体的创新。硅谷的成功促使人们积极关注和研究区域创新与经济发展问题。在这一背景下，在国家创新体系研究的基础上，英国卡迪夫大学菲利普·库克教授首先提出了"区域创新体系"的概念。后来，这一理念在实践和研究中不断完善。

1. 基本概念

区域创新体系是指由一个区域内参加技术创新和扩散的企业、大学及研究机构、中介服务机构以及政府组成的，为创造、储备、使用和转让知识、技能和新产品提供交流关系的网络系统，具有客观性、多样性、整体性、自组织性和开放性等特征。

区域创新体系这一概念的核心在于"创新"，从理论的产生背景可以看出，正是由于创新在经济发展和科技进步中越来越重要，所以区域创新对于经济的贡献和影响才引起大众的注意。社会越进步，经济越发展，创新的影响力和贡献度就越强，也就越需要尽快建立促进创新科技的区域创新体系。一个国家或地区只有建立了区域创新体系才能在创新驱动下真正实现经济的可持续发展，区域创新体系已经成为提升国家创新实力、创新技术的重要步骤，也是一国或一地区创新实力和水平的衡量标志。广泛地说，科学城也是一种区域创新体系，目前科学城已成为国内外各大城市和地区发展创新经济的主要方式，尤其是发达国家和地区。可见科学城的建设是以区域创新体系为理论基础的。

2. 系统构成

区域创新体系可以看作是从创新科技产业发展的角度分析区域经济的主要架构，但是反过来，区域创新体系又能够以清晰的架构指导创新科技产业的区域建设和发展。区域创新体系按性质和功能可以划分为创新环境、创新资源、创新机构、创新基础设施四个部分，这四个部分不是独立的，而是相互联系、相互作用，并且相互协调发挥整体功能和作用，它们是一个有机的组合体。其中，创新环境往往起着至关重要的作用，因为其包括对创新科技产业给予大力支持、扶持的政策法规，有利于创新企业运行的管理体制，能够满足创新企业生存发展的市场与服务等。创新资源则是区域创新体系的命脉，其包括大量的科技创新产业资金、各领域的高精尖人才、世界最先进的信息交互系统、与时俱进的知识和专利认证与保护系统等。创新机构是区域创新体系成果和业绩的产出平台，主要包括高新技术企业、一流大学、顶级的科研院所、孵化器以及一些中介机构等。创新基础设施是区域创新体系中给予具体的工作支持和生活服务的设计，一般包括流畅先进的信息网络、图书馆、大数据库和完善的公共基础设施等。

系统构成方面，科学城完全具备区域创新体系的四个基本要素。科学城的发展要以大科学装置为依托，要有一流大学、实验室、研究院等做人才支撑和学术支持，同时还有孵化器、创新产业等转化平台，并且配备比较完善的服务公司，加之以优惠政策支持、信息交流平台、完善的城市职能等。

3. 发展模式

从理论上来说，构建区域创新体系能够科学整合区域创新资源，快速实现区域创新资源的优化配置，因此，构建区域创新体系也被一些地方当作快速转变区域经济发展方式、实现区域产业结构优化升级的重要途径。在区域创新体系构建的决策过程中，创新主体的基本态度往往影响深远，甚至决定了区域创新体系的建设方式、发展方向、产业定位等，因此可以按照创新主体的不同态度把区域创新体系归纳为以下三种发展模式。

（1）自主创新发展模式

自主创新发展模式，是指区域主要依靠自身的力量来开展研发活动并获得自主知识产权，在此过程中逐渐形成与其自身特点相适应的区域创新体系，从而提高区域创新能力的发展模式。可以从以下几个方面来把握自主创新发展模式的内涵：研发行为具有前瞻性、独特性；在管理与服务方面具有创新性；技术产业化和产品的生产、销售是独一无二的；构建了独特的创新运行机制，与区域创新环境形成相互影响、相互促进的正反馈系统。科学城多为独立的卫星城，其发展一般都符合自主创新发展模式，尤其在研发方面，不同的科学城研发的方向和重点一般都不相同，各科学城的代表产业也是千差万别。比如美国斯坦福科学城是全球最大的电子工业基地，而其他科学城并非都是以电子工业为主建设的，而是涉及创新科技的各个方面，比如生命健康、通信等。

（2）模仿创新发展模式

模仿创新发展模式并不是照搬照抄其他区域创新系统的成功经验，而是批判地继承。具体来说，就是在借鉴其他成功的区域创新体系的先进经验的基础上，去掉其运行机制中不合理的部分，同时批判地继承那些合理的部分，并且结合自身的实际情况进行优化调整，从而形成并积累后发优势，从理论层面最终实现具有超越性的，更为先进、合理的发展模式。模仿创新发展模式的内涵主要表现为以下几个方面：第一，模仿创新发展模式是对现有的先进技术进行细致的解剖和分析，在完全了解和掌握现有先进技术的基础上进行的模仿。第二，模仿创新发展模式是深入学习已经获得成功的系统运行机制后，运用其成功经验，结合各区域自身客观条件进行适应性的变形、移植、优化，最终形成专属于各区域自己的独特且有效的系统运行机制。第三，模仿创新发展模式不是简单的复制粘贴，不是粗暴的拿来主义，更不是盲目跟风，它具有一定的科学性和合理性，因为科技的快速发展客观地造成了科技产业发展不均衡，区域发展程度、发展阶段、发展过程各有特点的局面，先建立的创新机制提供了成功的样本，也面临着更新换代的巨大替换成本，后建立的创新机制虽然没有足够的经验，但技术和管理方式更加先进、理论更加丰富，而且无须考虑替换成本，依托模仿创新发展模式，后建的区域创新体系能够充分发挥在产品种类、质量、服务、政策、管理模式等方面的比较优势，从而获得较大的成功。第四，模仿创新发展模式不是永远学习别人的、过去的、历史的，而是在模仿中创新，模仿只是一种用来打开局面的暂时性手段，能够快速增强自身实力，但模仿并不是最终目标，因为仅凭模仿是无法发展下去的。模仿创新发展模式的最终目的是通过"模仿"积累后发优势，在实践的过程中不断调整并培育自主创新能力，最终从"模仿"走向创新。在建设科学城的时候，可以通过研究成功的科学城案例，找出其中符合自身实际、有利于自身发展的研发模式、产业合作模式、人才引入模式、城市管理模式、科技转化模式等，站在巨人的肩膀上搞发展；也可以在失败的案例中发现创新发展的误区，避免走弯路。英国科学城的建设很大程度上就是受到美国、俄罗斯、日本等国科学城建设的影响，从中看到了自身经济发展的方向。

（3）合作创新发展模式

合作创新发展模式，是指通过区域间合作，实现创新资源在更大范围内的有效配置，从而增强整体创新能力，最终实现本区域创新发展的模式。可从以下几个方面来把握合作创新发展模式的内涵：第一，不同创新主体之间基于共同的区域发展目标开展的跨区域创新合作，这种合作可以是宏观层面、阶段性的，也可以具体到某一技术、产品等。如不同区域的高等院校、企业、研究机构等合作进行新产品研发工作，或开展商业化的联合创新行为等。第二，不同科技中介机构之间为了促进区域间信息、资源的交流而开展的合作，这种合作对各区域的发展都会产生重要的影响，有利于促成区域之间的良性竞争，特别是跨区域的资本、人才、信息交流。第三，政府之间基于优惠政策、管理制度、创新环境建设等开展的合作。以北京为例，怀柔科学城和中关村都是北京的科学城，由于区位优势，两者可以便利地展开合作交流，在合作交流的过程中取长补短，以合作的方式促进交叉融合科技创新，通过良性的合作可以促进双方各自独立运作。因此，我国各个科学城都非常重视对内对外的交流合作，尤其是针对高校、高端人才、研究所、企业等的交流与合作。

二、创新网络理论

1. 基本概念

"网络"这一概念在学术界开始流行，大概始于 20 世纪 60 年代。由于这一概念能够非常形象地说明事物之间复杂的联系，因而被广泛应用于社会学、经济学、地理学、管理学等各类学科中，催生出了社交网络、交通网络、信息网络等一系列专业名词。据记载，最先使用"创新网络"一词的是弗里曼，后来，经由许多不同学科的学者的发展和充实，创新网络一词的内涵逐渐丰富并成为一个被人们广泛接受的概念。

创新网络是指行为主体（例如个人、大学、企业、科研机构、地方政府等）之间通过长期的正式或非正式的合作交流活动，自然形成的一种联系系统。从形式上来看，创新网络也是由点、线构成的特定的面，它具有网络的一般特征。创新网络的"点"，就是参与创新活动（包括研发、生产等环节）的各个行为主体，例如一流大学、科研机构、人才培训机构、创新产业相关上下游企业、创新产业相关政府及相关部门、为创新产业提供服务的中介机构和金融机构等。创新网络的"线"，不言自明，自然就是行为主体之间的联系，这种联系自然是依托于创新活动建立起来的，而且相互交错，十分复杂，从而形成了巨大的联系网络。创新网络中点与点的创新联系往往不是单一要素的联系，而是具有多重属性，它不仅具有传统经济联系、社会联系，同时也伴有互动创新联系、知识溢出联系。我们一般依据创新网络联系方面的特殊属性，将企业创新活动相关的创新网络分为两大类：正式网络和非正式网络。正式网络占据主流，是推动创新活动发展的主要方面，具有比较强的约束性，往往是集群企业之间通过官方的、公开的、正式的联系建立起来的，例如区域内的产学研合作计划、中外合资项目、高端技术授权活动、专项技术研发联盟的建立和运行等。非正式网络也比较普遍，但不是主流，形式相对灵活，一般通过非正式的联系建立，例如自发组织的行业协会、区域之间的人才流动、技术俱乐部等。

创新网络的联系一般是具有现实依托的，如企业内部的联系、地方的联系、产业集群内部的联系、创新产业区域的联系、全球创新产业的联系。由于现实的创新活动开展的特点，创新网络也可以按照联系的范围和层次由小到大、由低到高分成以下五类：企业创新网络、产业（集群）创新网络、地方创新网络、区域创新网络、全球创新网络。无论企业规模的大小，企业创新网络都是企业内部的价值创新。在创新网络系统中，企业创新网络是级别最小的，同时也是最普遍存在的。产业集群一般由上下游企业或同行企业集聚形成，产业（集群）创新网络自然涵盖了众多企业创新网络，在此之外，产业集群还会吸引相关经济、服务机构，因此，产业（集群）创新网络是比企业创新网络更高一级且更为复杂的创新网络，并非产业集群范围内企业创新网络的简单相加。地方创新网络中包含着不同行业的产业（集群）创新网络，从而形成了巨大的地区竞争优势。全球创新网络则在各个地方创新网络相互竞争协作的过程中形成。在对创新网络的划分中能够感受到，由于企业规模、地方政策、信息技术、金融资本等各个方面的差异，不同层次的创新网络形成了多重嵌入，而在同级网络之间又保持着相互联系、相互协作、相互竞争的复杂关系，创新网络的这种关系使得创新网络体系既相对封闭又相对开放。创新网络体系的这种看似矛盾的特性其实是创新发展内在动力的外在体现。

创新网络也是科学城的理论基础之一。创新网络不仅是一种结构，更是一种思维方式。创新网络理论解释了当代科技创新与产业发展的复杂性，诸多元素之间的互相影响，社会和产业环境的生态化等。创新网络促使人们关注影响发展的诸多因素，并研究联系它们的有效方式，科学城仅仅是其中的一种方式。前面提到的高新区、科学创新中心、综合性国家科学中心等，都是创新网络的实践样本，也都在创新网络中。创新网络可大可小，但都是完整的，可独立运转，又可互相支撑，并且相互勾连形成全球创新网络。

2. 形成机制

创新网络是一个动态的不断进化的有机体，随着行为主体、关系、需求、资源等要素的变化而变化。产业集群的生命周期分为诞生阶段、发展阶段和衰亡阶段，从产学研合作创新模式出发，创新网络经历了"单部门单链合作阶段—跨部门单链合作阶段—复合部门多链合作阶段"的演化过程。如果把创新网络比拟生物种群，那么其则经历了四个发展阶段：结网—成长—成熟—更新，每个阶段对应不同的发展特征。创新网络理论是从另一个角度研究"创新"发展，关注的是创新产业链与可持续发展。这一理念对科学城的建设影响很大，在这一理论的指导和影响之下，科学城不仅普遍具有完整的创新产业链，而且具备非常健康的城市生态环境。科学城把创新网络的概念进一步扩展到细节中，围绕"创新"探索全面的可持续发展。

3. 网络结构

创新网络是各个结点通过与创新有关的正式或非正式关系联结，包括结点之间知识、信息、技术等隐性创新资源的传递、转移或共享，也表现为创新产品、人员与资金等显性资源的流动与运转。

下图展示了产业集群创新网络的结构，其实质是一个有机创新系统。我国学者魏江提出了由核心网络、辅助网络和外围网络构成的集群创新系统模型。在一个集群创新网络中，核心网络是企业之间的联结，影响着集群的创新；而大学、政府、中介机构与企业的关系构成了集群网络的支持系统，即辅助网络。

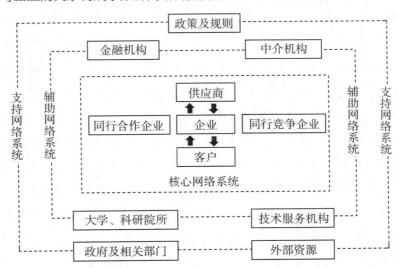

图 2　产业集群创新网络结构

在创新网络理论的引导下，科学城不仅要素齐全、功能完备，而且相互之间也建立了紧密的联系。科学城的建设不是大科学装置、一流高校、顶尖人才、创新企业等的简单相加，而是这些高端设备和资源在创新环境中开展创新活动。科学城十分重视对企业和人才的服务。比如日本筑波科学城，常年有近万名来自世界各国的优秀人才，为了方便他们工作和生活，官方提供了十种语言的咨询服务热线。新加坡科学城设有开放的休闲活动区，以便促进城内高端人才的互动交流。我国张江科学城时常组织会议，邀请各专业领域的高端人才交流讨论。

三、创新生态理论

1. 基本概念

创新生态是借用生态学的思想来研究创新系统而形成的理论体系，将生态学方法引入技术创新系统的相关研究中来。在 2003 年，美国总统科技顾问委员会应用生态学观点分析硅谷的竞争优势，认为硅谷的成功在于有一个强有力的知识生态体系。创新生态系统是一定地域内相互作用的各种创新机构（企业、大学、研究机构）与创新服务机构（政府、金融、法律、中介等）、创新环境的各个要素之间形成的统一整体，是创新体系、创新环境和创新网络的集合。

创新生态系统的理念来源于自然生态系统，两者有一定的相似性。创新生态系统的存在需要依托特定的空间与时间，其核心要素是创新主体，其存在方式就是创新主体、各类创新产业相关组织或群体，在特定的创新环境中通过创新技术研发、创新产业发展等活动，带动创新环境中的物质循环、能量流动、资源分配、信息传递，从而实现整个创新环境的良性循环和动态稳定。由此可见，创新生态系统理念希望构建一种如同自然生态系统一样的可持续发展运行机制，一种互动竞争、合理均衡、稳定持续、动态发展的运行模式。受此影响，创新生态系统十分注重创新主体和其他创新要素之间的互动协同，并且突出强调创新各要素对创新环境的依赖性。创新生态系统理论认为，交流对创新活动的产生有至关重要的影响，包括创新主体之间的交流、创新主体与环境之间的交流、不同创新空间之间的互动交流等，因此创新生态环境应注重知识和信息交流的便利和畅通。此外，受到自然生态系统理论的影响，创新生态系统理论十分强调系统的动态演化，关注系统的内在运行机理，认为创新生态系统也遵循着产生、成长、成熟和衰退这一发展过程。当创新生态系统走向衰亡的时候，会不可避免地受到外来威胁和内部矛盾的双重压力，这时候衰败的旧系统或者被新的外来系统所取代，或者进化升级原有系统以使其适应时代的需要。在创新生态系统演化的过程中，起决定作用的是系统内部矛盾和外部威胁之间形成的复杂互动关系，以及一系列微妙的作用机制。

简而言之，创新生态强化了创新环境，是对区域创新体系和创新网络的融合和丰富。科学城的建设往往非常重视生态环境，包括创新生态和自然生态。例如，法国的格勒诺布尔科学城在建设选址上就重点考虑了自然生态环境。而加拿大的卡尔顿科学城的发展很大程度上依托了渥太华的学术资源和经济实力。我国各地对于科学城的建设往往有相应的优惠政策，以期打造最佳的创新环境来促进创新发展。创新生态理论让科学城的发展不仅看到整体，而且关注细节，是对区域创新的进一步细化研究，也更加贴近真实具体的区域创新发展实际。但过分关注细节可能舍本逐末，或者浪费力气而毫无收获，因此，目前我们对创新生态的理解与运用还是有目的性和有针对性的。

2. 主要特征

理解创新生态的主要特征时，可以代入科学城的具体情况，感受科学城的创新生态基本情况。

（1）复杂演进性

创新生态系统可以被看作是一种类似自然生态系统的复杂系统，创新主体、创新源、创新链、创新网络、创新环境、创新资源等创新要素在创新活动中相互作用，不断演化和发展，形成了稳定和谐、持续发展的创新生态系统。创新主体等创新要素构成了创新生态系统，同时受创新生态系统的影响而发展，二者是共生演化的关系。这种共生演化的关系也与自然生态系统类似，同时具有更为明显的协同性、周期性、自我强化、不可逆性。一般来说，创新生态都会经历一个由简单到复杂、由低级到高级的变化发展过程，在这个过程中，创新主体会有所增加，创新要素也变得更加复杂，这就是创新生态系统演进性最突出的表现。

创新生态系统的复杂性是由于生态系统中的每个部分（创新要素）相互作用而造成的。创新生态系统的构建必然是因为所有创新要素都不能脱离其他要素孤立存在，正是由于创新要素之间存在着的隐蔽的或者明显的复杂联系，造成了创新要素的复杂性，同时构成了一个极其复杂但是相互作用、相互影响、相互依存的有机整体——创新生态系统。以创新生态系统的参与者为例，创新活动本身的复杂性造成了参与者的复杂性：在创新活动中，需要进行研发、生产，并且直接参与市场的各种企业，包括随着新兴科技产业大量出现的初创企业、老牌的高新技术企业等；创新活动的具体执行需要大量的人才，于是必须有专业对口的各类人才培养基地（例如高校、科研机构等）；创新活动需要一定的创新环境的支持，例如相关的中介机构提供的技术、信息、知识或人才服务，政府部门提供的优惠政策等。在创新活动的开展过程中，参与者之间自然会产生连接、沟通，并构建起各种各样的关系，最终形成复杂的立体创新网络。

科学城有四个主要特征，这四个主要特征之间已经构成了基础的创新生态，四者之间的相互配合与影响会逐步形成复杂的、稳固的创新生态。这就像从三原色中调和出五彩缤纷的颜色一样。科学城的构成要素之间会不停地互相影响、互相制约、互相推动，其创新生态在演变的过程中必然会逐渐复杂，又通过复杂的演变逐步完善，经历完善—衰退—重生—完善的过程。例如日本的筑波科学城，建设至今已经经历了四个阶段的升级发展，其内部的创新生态经历了时间和市场的考验，是比较成功的。

（2）系统开放性

创新活动需在开放的环境中进行，因此创新生态系统具有开放性。只有保持开放的态度，才能促成创新生态系统内部与外界环境顺利、便捷地进行交换，包括信息、物质、科技、能量、文化等各方面的交换。交换是创新的基础，开放是交换的必备条件。创新生态系统的开放性不仅是对外的，同时也是对内的，这都是由创新的开放性所决定的。在封闭的环境中，难以发掘创新机遇，产生创新需求，开展创新活动，唯有开放的环境，才能实现真正的创新。由于创新活动的发散性和多样性，其所必需知识、信息、资源等要素，并不能集中于一处或者某一区域性的创新生态环境中，而是广泛地、随机地分布于各种经济活动中，只有开放的环境才能促使这些知识、信息、资源等要素更加顺畅地流动和交换，这也是维持创新生态系统稳定和高效运行的基础和保障。创新生态系统由于开放性的特点，其发展图景必然呈现出螺旋式上升的状态。创新生态系统的开放程度决定着系统发展的速度和敏感度。一方面，开放程度直接影响系统内部、内外部之间的各类创新要素的运转速度与角色转换效率，如知识、人才、资金、信息等的交换，从而影响整个系统发展的速度；另一方面，开放程度也影响着系统发展的敏感度，如开放程度低的系统获取信息必然滞后，甚至会出现错误的信息资源，这往往会成为影响创新发展的主要瓶颈，其至直接阻碍技术转移。只有保持开放的态度，根据不断变化的市场环境及时捕捉最新的信息，并且顺应市场要求采取切合实际的技术创新战略和方针，才能满足政策、经济、资源等各类环境的要求，跟上时代的脚步。

前面提到的新加坡科学城就是一个开放性的缩影。对于科学城而言，开放是条件也是挑战，信息的开放、环境的开放、政策的开放等都是双刃剑，应谨慎而为之。

（3）竞合共生性

竞合共生性是创新生态系统的重要属性之一，与自然生态系统中的竞合共生有一定相似性。竞合共生指的是构成创新生态系统的创新主体与创新主体之间、创新主体与创新环境之间通过复杂的交互作用开展竞争与合作的共生状态。在实际的创新活动中，每一项创新活动各有其特点，每一个创新主体都具有自身的特殊性，并形成了主体独特的发展轨迹，但是主体发展的本质都是将外部开放环境中的知识和技术等资源内化为自身的创新动能，并通过自身结构的优化、行为方式的改变，最终实现多方共赢的非零和博弈。竞合共生的目的是实现良性竞争环境中的共同发展，这是由创新生态系统内在持续发展的诉求所决定的。在创新生态系统中，竞争的基础是合作，竞争的目标是实现系统整体利益的最大化，竞争与合作从来都是并存的。创新的发展往往依赖于竞争，任何类型的竞争都能够刺激创新的产生，竞争的存在一直给主体造成压力，同时激发主体通过创新强化自身建设以顺应时代的发展，适应市场环境的变化。如果没有竞争，市场就会失去活力，无法适应时代的需求，必然被自身新生的力量或外来力量所取代，创新生态系统也会进入衰退阶段。合作是创新生态系统发展的基调，合作是实现创新主体之间各创新要素（如能量、信息、物质等）流畅交流的前提。创新生态系统通过成熟稳定的合作关系来降低创新的风险，提升主体的产业竞争力和整个系统的适应能力，最终形成知识的溢出效应。如果没有长期稳定持久的合作，创新生态系统的竞争就没有保障，无法形成良性竞争。创新生态系统具有整体性，因此竞合共生在影响产业发展的同时，也使整个系统环境发生了改变，并以这样的方式推动着系统整体的发展和演进。

竞合共生性为科学城内部的创新发展、良性竞争提供了一个可持续的新思路，这也是我们建设科学城、发展科学城希望看到的局面。创新不仅需要科技研发、高端设备、高级人才，更需要竞争与合作。科技创新要避免一家独大，也要避免过度竞争。在我国的许多科学城里，都为科技创新型小微企业提供了非常优惠的入驻条件，鼓励科技创新转化和小微科技产业的发展。目前，世界范围内的创新科技产业缺口很大，但是仍要警惕大量科研力量和人才扎堆特定领域的情况，坚持竞合共生的原则，实现科技创新产业的可持续发展。

四、增长极理论

1. 基本概念

20 世纪 40 年代末到 50 年代初，西方各国经济学家展开了一场关于一国经济平衡增长或不平衡增长的大论战，在这场影响深远的论战中，法国经济学家弗朗索瓦·佩鲁提出了增长极理论，他以磁场内部运动规律为喻，表示经济发展是不平衡的，存在区域极化，即增长极。佩鲁将增长极定义为：在城市配置不断扩大的工业综合体，并在影响范围内引导经济活动的进一步发展。这一理论对西方经济发展影响深远。增长极理论首先跳出了空间元素，认为经济元素之间存在经济关系，这是存在于产业之间的数学关系中的；其次，增长极理论认为经济发展的主要动力是科技进步与创新；最后，佩鲁认为推进型企业对被推进型企业有支配效应，这是增长极理论的核心。

增长极理论的主要观点就是以少数经济发展较好的地区带动区域经济，这一理论有一定的合理性和客观性，但它一开始并不完善，许多国家却大力尝试，比如意大利为了改变南北贫富差距和经济增长不平衡的局面，在南方大力兴建石油等领头产业，最终只能以失败告终。后来，随着理论与实践的不断丰富，增长极理论逐步成熟，而且有了许多成功案例。科学城在理论层面上也符合增长极理论的基本条件，即处在一定规模的城市中，存在推进性的主导工业部门和不断扩大的工业综合体，具有扩散和回流效应。

2. 主要作用

增长极体系有三个层面：先导产业增长，产业综合体与增长，增长极的增长与国民经济的增长。简而言之，增长极就是以点带面、从局部到整体实现地区到国家层面的经济增长。增长极的体系表现为其在形成与发展过程会产生极化效应和扩散效应。

增长极对区域经济增长的作用是巨大的，能够发展区位经济，形成规模经济，刺激外部经济。以张江科学城为例，其主导产业为生物医药、信息通信等，它的快速发展会吸引更多优势产业领域的人才、企业等入驻，并在全国乃至世界市场扩大份额。

第二章
国内科学城建设的基本情况

我国科学城的建设与综合国家性科学中心往往是同步布局的，因此我们将科学城和综合国家性科学中心的建设情况放在一起来了解。

第一节　国内代表性科学城

科学城是城市战略层面的项目，条件齐备的城市都能够建设科学城。目前我国知名的科学城主要集中在高校林立、经济发展态势良好、科研实力较强、高新技术产业密集的大城市或城市群。下表列示了我国有代表性的科学城的基本情况。

表 4　我国代表性科学城的基本情况

名称	建设管理主体	功能定位	基础支撑平台	产业科技发展方向
北京怀柔科学城	北京怀柔科学城管理委员会	综合性国家科学中心、世界级原始创新承载区	中国科学院大学及中国科学院10多个研究所	依托高能同步辐射光源装置、综合极端条件实验装置、地球系统数值模拟装置等大科学装置，建立跨学科交叉研究平台
北京中关村科学城	中关村管理委员会和海淀区政府牵头组成的中关村科学城专项办	具有全球影响力的科技创新策源地	清华、北大等重点高校院所，国家重点实验室、国家工程中心及高新技术企业	价值链高端服务业、信息产业

（续表）

名称	建设管理主体	功能定位	基础支撑平台	产业科技发展方向
上海张江科学城	浦东新区政府	上海具有全球影响力科技创新中心核心承载区、综合性国家科学中心	上海光源中心、上海超算中心、中国商飞研究院、药谷公共服务平台，上海科技大学、中国科学院高等研究院、中医药大学、复旦张江校区等近20家高校和科研院所	信息技术、生物医药、文化创意和低碳环保
合肥滨湖科学城	滨湖新区建设指挥部	中国特色、世界一流的综合性国家科学中心及产业创新中心，成为代表国家水平、体现国家意志、承载国家使命的国家创新平台	中国科学技术大学先进技术研究院、中国科学院合肥创新院、量子信息科学国家实验室、中国科学技术大学高新园区、合肥先进光源	量子信息科学、人工智能和金融
北京未来科学城	北京未来科学城管理委员会	首都能源科技创新基地	神华集团北京低碳清洁能源研究所、国家电网全球能源互联网研究院等	以25家央企能源板块为骨干，重点发展能源新科技和产业
广州科学城	广州开发区管理委员会	世界级研发中心和世界一流高科技产业园区	微软、国际商业机器公司（IBM）等	电子信息、平板显示、新材料、新能源与节能环保、生物医药和知识密集型服务业

（续表）

名称	建设管理主体	功能定位	基础支撑平台	产业科技发展方向
西部(成都)科学城	四川省政府和天府新区管理委员会	成都"双核共兴"、建设国家中心城市的新极核	诺基亚全球研发中心、中德天翔环保创新研发中心等	基础科研、互联网大数据、生物科技、高端制造、现代金融、创意设计和研发服务
武汉未来科学城	东湖高新区管理委员会	承载国家自主创新功能的现代新城	中国电子动力电池研究院、武汉未来科技研究院等	光电子信息、生物医药、能源环保、现代装备制造和高科技农业
杭州未来科学城	未来科学城管理委员会	杭州城西科创产业集聚区的创新集合	之江实验室、阿里巴巴达摩院、湖畔大学	电子信息产业、生物医药研发、新能源新材料研发、装备制造研发、软件与创意设计、金融中介及生产性服务业

从上表可以看出我国科学城的一些主要特点：从空间布局看，我国科学城都是所在城市的重要组成部分；从定位功能看，我国科学城承载国家基础性、战略性前沿科学研究责任；从创新动力看，我国科学城有高水平标志性科研机构作为创新策动源；从产研互动看，我国科学城是科技成果转化及高科技产品生产和服务的重要基地；从运行机制看，我国科学城都设置有符合科学创新特点的专门机构与机制；从功能延伸看，我国科学城是宜居宜业的高质量发展新城区。

一、北京怀柔科学城

北京怀柔科学城（后简称"怀柔科学城"）位于北京东北部，距离中心城区大约 50 千米，处于怀柔区、密云区的核心地带，规划面 100.9 平方千米，其中怀柔区域 68.4 平方千米，密云区域 32.5 平方千米。

怀柔科学城始建于 2009 年，整体规划分为四个阶段：2020 年，怀柔科学城城市框架扎实起步，北京怀柔综合性国家科学中心建设成效初步显现；2025 年，怀柔科学城城市框架基本形成，北京怀柔综合性国家科学中心影响力显著提升；

2035 年，基本建成国际知名的科学城和国家科学中心；2050 年，全面建成引领世界一流的科学城和国家科学中心。2009 年 6 月，中国科学院与北京市政府签署《共建中国科学院北京怀柔科教产业园合作协议》，怀柔科教产业园区上升到院市合作层面，为怀柔建设科学城打下了基础。2011 年，中国科学院与北京市签署了院市共建北京综合研究中心协议，为在怀柔建设依托大科学装置的综合性研究中心迈出了第一步。2016 年 11 月，北京市人民政府办公厅印发《怀柔科学城建设发展规划（2016—2020 年）》。2020 年 12 月 10 日，《怀柔科学城控制性详细规划（街区层面）（2020 年—2035 年）》（草案）公示。由此可见，怀柔科学城的建设和发展离不开政策指导和科学规划，更离不开阶段布局与未来视野的结合。

怀柔科学城的生态产业以中国科学院等为支撑。怀柔科学城围绕着物质、空间、地球系统、生命、智能等五大科学方向的成果孵化，着力培育科技服务业、新材料、生命健康、智能信息与精密仪器、太空与地球探测、节能环保等高精尖产业，构建"基础设施—基础研究—应用研究—技术开发—成果转化—高精尖产业"的创新链。构建一个以这些高新科技为基底的现代化城市，首先要有雄厚的学术资源、研究资源。北京高校林立，研究院齐备，高新技术企业众多，这样的空间环境为怀柔科学城的诞生创造了条件。尤其是中国科学院这样肩负着引领我国科技走向世界历史使命的高等院校、研究院，积极参与科学城的规划、建设，与科学城血脉相连，共生共荣。为了更好地服务怀柔科学城，中国科学院大学怀柔科学城产业研究院在 2020 年 5月 17 日挂牌，建设初期，研究院致力于构建从基础研究、应用研究、成果转化到高精尖产业发展的新型研发机构，整合创新链、产业链、资本链，实现前沿技术"创新型"研发和科技成果"导向型"转化，最终打造成集"人才培养、技术研发、成果转化、产业咨询"为一体、创新资源凝聚、组织运行开放、治理结构多元的国内领先、国际一流、具有示范带动效应，多主体、多要素联动的一体化科技创新创业生态系统。2020 年 12 月 9 日，中国科学院大学怀柔科学城产业研究院携联合国环境署国际生态系统管理伙伴计划雁栖湖办公室、国家生态科学数据中心、中国科学院大学—中机恒通联合实验室、中国科学院大学智能成像中心、中国科学院大学怀柔科学城产业研究院柔性电子研究中心、国科怀栖（北京）智能科技有限公司等6 个创新型项目，及为这些项目提供孵化服务的国科大科创空间入驻怀柔科学城创新小镇。足见，怀柔科学城是一座完全以科学规划、科技创新、科学管理为建设核心的未来科学城。我国距离科技强国还有很长的路要走，在追赶世界科技强国的道路上，科学城未必是弯道超车的法宝，但科学城的科学运作必定能够提升区域乃至全国的科研、科教水平，发挥科技对经济发展、社会进步、文化繁荣的作用，进而实现产业向以科技创新为核心驱动的新模式。

怀柔科学城起步晚，但是建设速度很快，大科学装置集群往往提前建成，这样的中国速度为怀柔科学城的建设争取了时间，给学术平台、研究院、高新技术人才和企业进驻科学城树立了信心。2018 年，怀柔科学城按照大科学装置集群建设的整体安排，推动多模态跨尺度生物医学成像设施、子午工程二期等大科学装置，以及大科学装置用高功率高可靠速调管研制平台等 14 个科教专项平台项目落地。同时，中国科学院系统电子所、力学所、空间中心、纳米能源与系统所、物理所、大气物理所等 9 个研究所入驻。紧接着，钱学森国家工程试验基地投入使用，北京超级云计算中心在此"落户"，暗物质卫星悟空号、量子通信卫星墨子号、慧眼等多颗重要科学卫星的地面中控指挥大厅在此建成，园区内还有有色金属研究总院的国家动力电池创新中心、中国航空工业集团的综合技术研究所、中国航天集团的卫星研究所等。2020 年 12 月 10 日，"怀柔一号"，即引力波暴高能电磁对应体全天监测器卫星，在西昌卫星发射中心成功发射。这是北京怀柔综合性国家科学中心空间科学实验室挂牌后的首个科学卫星发射任务。截至目前，国家和北京市在怀柔科学城布局了近 40 个科学设施平台，其中，"十三五"时期布局的 26 个重大科技基础设施提前一年全部启动，怀柔已经成为大科学装置集萃地。围绕大科学装置，怀柔科学城的资源集聚效应开始显现，科学创新生态体系正加速形成。

怀柔科学城的科学设施布局、孵化器、加速器对高新技术企业而言无疑有着巨大的吸引力，然而它并不满足于此，而是精益求精地追求"城"的概念，立足现实物质条件和发展需求，积极探索未来科学城的发展。按照《怀柔科学城控制性详细规划（街区层面）（2020 年—2035 年）》（草案）中的发展目标，到 2035 年怀柔科学城将会建成世界一流的重大科技基础设施集群和国家实验室集群，涌现出一批重大原创性科学成果和国际顶尖水平的科学家，产出一批具有基础性、前瞻性、交叉性、融通性、颠覆性的创新研究成果。城中常住人口将达到 23 万人，就业岗位数量约 22 万个，城乡建设用地规模约 40.3 平方千米（约占总面积的 40%），建筑规模约 2720 万平方米，将构建"一芯聚核，怀密联动，一带润城，林田交融"的空间结构。该方案着力突出北京怀柔综合性国家科学中心的源头优势、国家重大科技基础设施布局的强度优势、首都生态涵养区的自然人文优势，围绕"1+3"的总体思路，构建"创新生态体系"与"自然生态体系"高度融合的整体格局。其中，"1"是构筑亮丽生态底色，建设山水城市典范；"3"是构建由科学、科学家、科学城三个核心要素组成的创新生态体系。在生态环境方面，怀柔科学城未来将综合运用各种措施着力做好全区域的生态环保、生态建设，实现蓝绿空间比例约占规划范围的 60%。在推动"科学"原始创新发展方面，怀柔科学城重点围绕物质、信息与智能、空间、生命、地球系统等学科方向，构建支撑完整科学创新链条的功能布局。既有规划，也有留白与融合、调整，鼓励形成活力开放的科研社区。在服务吸引"科学家"方面，怀柔科学城通过全方位构建国际人才社区综合功能体系，打造具有成就感、荣誉感、归属感的环境氛围，形成科学领军人才高地。怀柔科学城内计划构建"城市—街区—社区—街坊"四级城市生活服务圈，提升工作、生活的融合度与便捷度。为适应国际化、年轻化的科研人群特点，加强与国际公共服务资源的对接合作，推动涉外教育、医疗、商业设施建设，打造开放包容、国际化氛围浓郁的宜居环境。在营建"科学城"方面，怀柔科学城划分为科学城中心区、科学城南区、科学城北区、科学城东区和科学田园 5 个空间单元，并进一步细分为 23 个街区，实施分级分类的规划统筹管控。此外，怀柔科学城还会构建完善的城市支撑体系。

未来的怀柔科学城作为一座城市会拥有合适的人口体量，优美的生态环境，完善的城市服务设施，人性化的管理系统，吸引全世界的人才，以最尖端的科技探索最适宜人类生存发展的道路。

二、北京中关村科学城

北京中关村科学城（后简称"中关村科学城"）就是原来的中关村科技园区海淀园，东至原八达岭高速和新街口外大街，西至西三环、苏州街和万泉河快速路，北至北五环及小营西路以南，南至西北二环、西外大街和紫竹院路，包括沿中关村大街、知春路和学院路轴线形成的辐射区域，总面积约 75 平方千米，是中关村国家自主创新示范区核心区的核心，也是京津石高新技术产业带的重要组成部分，同时是知识创新基地、高新技术产业化的孵化培育基地和高新技术信息交流中心。

中关村科学城依托北京高校和经济发展环境，高科技产学研资源十分丰富。这里集聚了清华大学、北京大学、中国人民大学等27所国家重点高等院校，中国科学院等30多家研究所，25家国家工程技术研究中心，20余家国家工程研究中心和62家国家级重点实验室，承担13项国家科技重大专项的核心任务；汇集了联想集团、航天科技等高科技企业近8000余家，科技创新服务中介机构1000余家。中关村科学城同时也是区域经济发展的重要推手，一直发挥着带头作用，致力于积极助推北京市创新发展布局优化调整，深入探索跨区域布局新路径新机制，携手兄弟区开创合作发展、互利共赢新局面。2020年上半年，中关村科学城共有232家企业迁往北京15个区，涵盖软件和信息服务、新一代信息技术、智能装备、节能环保、医药健康等诸多高精尖领域。中关村科学城联合亦庄经济技术开发区共建成果转化先导基地，与城市副中心、怀柔区、延庆区等地签署战略合作协议，积极研究企业实现跨区迁移、税收分享等相关政策，推动创新和产业要素资源在其他分园转移承接。

中关村科学城经济运行持续向好，被工信部评为2019年度国家新型工业化产业"五星"示范基地。2020年1月—7月，中关村科学城规上企业实现总收入14221.52亿元，同比增长10.0%，对中关村整体经济增速贡献率达48.9%，位列"一区十六园"首位。

中关村科学城作为北京"三城一区"的领头羊，在科技创新和新兴产业方面的引领作用正在不断增强。以自动驾驶为例：2018年，北京市出台自动驾驶测试办法，国内第一个自动驾驶封闭测试场海淀驾校率先落地，百度、小马智行等企业的自动驾驶测试车辆陆续上路开展测试。2019年，海淀区出台了《中关村科学城智能网联汽车15条支持措施》，助力中关村科学城建设"国内领先、国际一流的自动驾驶创新示范区"，以切实的政策支持创新企业开展自动驾驶关键技术研发和共性技术平台建设。同时，为了加快推动中关村自动驾驶创新示范区的建设运营还成立翠湖网联公司，完善支撑辅助。中关村科学城部署了车联网设施和智能感知设备，构建了智能网联应用场景，百度、小马智行、北汽、奥迪等企业纷纷入园开展测试，智行者、仙途科技、白犀牛的等低速清扫车、配送车等陆续开展商业应用。2020年，

100 平方千米自动驾驶示范区对外开放，第一批开放测试道路包括 52 条道路（包含 R2 到 R5 不同等级），经过科技园区、生活区、办公区、乡村等多个场景，总长度共计 215.3 千米，为自动驾驶企业实地测试提供了足够的里程和更为丰富且贴近真实应用场景的测试环境和道路情况。第二批开放测试道路正在规划中，预计未来全区域将开放 400 余千米里程的道路用于自动驾驶测试，致力于打造成开放测试道路总里程、自动驾驶总示范区域面积均达国内领先水平的自动驾驶科技创新示范区。中关村科学城同步推动自动驾驶载人测试，目前已经开始了相关产品的上路测试。目前，中关村智能网联汽车前沿技术创新中心已经完成装修改造工作并顺利启动运营，这一由中关村管理委员会与中关村科学城管理委员会共同支持的项目的主要功能是为自动驾驶创新企业提供办公空间以及配套服务。高新技术产业的发展依赖社会尖端资源之间的协同合作，这些尖端资源在合作过程中也能够探索自身的新型发展模式。中关村科学城为高新技术产业和相关配套资源提供了广阔的平台和周到的服务，在这里新兴企业可以安心孵化，并且从众多高校、研究院那里得到技术保障，从园区管理委员会那里得到政策帮扶，从企业与金融公司那里获得产业合作的机会和资金投入。中关村科学城是一个高新技术资源聚集地，更是一个成熟的高新技术产业园区，它十分了解科创企业的需求，因此能持续引领科研创新，成为区域乃至全国创新型产业的引领者。

　　中关村科学城作为我国科学技术发展水平的代表之一，也承担着重要的社会角色，在重大科技突破、应对重大突发灾情等方面更是走在前列，为增强我国综合科研实力、国防实力、灾情或疫情防控能力做出重要贡献。以 2020 年突发的新型冠状病毒疫情为例，在上下同心、共克时艰的疫情防控站中，中关村科学城有多家科技创新企业投入其中，为这场防疫攻坚战注入了科技力量。卡尤迪生物科技（北京）有限公司成功研制核酸快检系统，实现了现场即时检测，早诊断、早发现、早隔离、早预防。北京核信锐视安全技术有限公司为助力疫情防控提升负压系统产能，研制出疫苗储运、发热预检分诊、病员转运、PCR 检测等型号的生物安全方舱。第四范式（北京）技术有限公司还构建了可学习的事件回放模拟器，及时发现潜在传染路径，帮助防疫部门快速切断疫情蔓延的源头。

　　中关村科学城十分注重世界范围内的高精尖技术的交流学习和交易洽谈。

2020中关村论坛技术交易大会围绕打造国际科技成果转化和技术成果发布交易"第四方综合服务平台"这一目标，立足于科学、技术、产品、市场全链条创新，汇聚国内外优秀项目、技术、资本、人才等要素，推动形成全球科技成果转化和技术交易的高地。论坛上展示了北京大学、清华大学、南京大学、浙江大学、复旦大学、华中科技大学等23所国内顶尖高校的科技创新成果，同时汇集了来自美国、俄罗斯、英国、德国、日本等10个国家78个机构及企业的82项科技成果和创新产品。由于疫情原因和传播需要，此次论坛运用OLED透明屏智能显示技术、AR+VR直播等，以高新技术拉近人们的距离，让人们突破空间和时间的限制，紧跟科技发展的每一步。

中关村科学城十分重视人才资源，而且不满足于现状，紧跟世界潮流，广纳多国人才。2020年中关村国际人才会客厅正式开建，紧紧围绕首都"四个中心"功能定位，以"两新两高"战略为引领，以强化高端创新功能为导向，精准匹配《首都国际人才社区建设导则》，打造C立方特色的国际创新创业人才集聚区。中关村西区具备完善的国际化"创新雨林"生态，拥有打造国际人才会客厅的"类海外"环境。会客厅建成后，将充分发挥地方党委政府的组织优势和服务优势，引入优质政务服务资源和专业服务团队，充分联动区域内各类国际化企业、机构和人才，为辖区内企业和国际人才提供更多便利服务，以此吸引更多国际资源、要素和国际人才落地发展，推动中关村西区进一步打造成为创新、开放、充满活力的国际创新创业人才聚集区。

中关村科学城十分重视科技发展与文化传承、生态环境保护、城市配套建设等各方面的融合共存。中关村科学城发展所依托的北京是我国首都，也是我国政治、文化、经济中心，全国交通枢纽，这些深厚的积淀对科学城的建设也产生了很深的影响。在这样的影响之下，面对不可预测的未来，中关村科学城将会在发展中重组自身资源，从传统文化与科技创新的双向维度拓宽城市发展道路，成为融合科技、经济、文化、政治等现代生活各方面的创新型城市，它是传承发展而来的生态城，不是凭空长出来的，也不是刻意制造的。中关村科学城是一座以创新科技为核心驱动的未来城，是一座宜居宜业的配套齐备的现代城，也会是一座拥有深厚文化底蕴的国际"名城"。

三、上海张江科学城

上海张江科学城（后简称"张江科学城"）位于浦东新区的中心位置，交通十分便利，规划范围为北至龙东大道、南至下盐公路、东至外环—沪芦高速、西至罗山路—沪奉高速，是浦东新区中部南北创新走廊与上海东西城市发展主轴的交汇节点，与陆家嘴金融贸易区和上海迪士尼乐园毗邻，距离上海浦东国际机场 15 分钟车程。上海城市立体交通大动脉贯穿其中，多条地铁和机场联络线形成了便捷的轨道交通体系。

张江科学城的前身是张江高科技园区，它的"前世今生"都离不开上海政府的规划和支持。张江高科技园区早在 1992 年 7 月就已经建成开园，面积 17 平方千米，属于第一批国家级新区。经过几年的积累，张江高科技园区进入快速发展阶段，1999 年"聚焦张江"战略正式启动。2000 年，张江高科技园区为扩大集群效应，满足市场需求，调整规划面积为 25.9 平方千米，由上海市和浦东新区共同成立专项领导小组和办公室跟进规划落实情况。2007 年 5 月，张江高科技园区成立管理委员会，调整为区政府派出机构。2011—2012 年，经由上海市政府同意，张江高科技园区、康桥工业区、国际医学园区、周浦繁荣工业区被先后纳入张江核心园区范围，张江高科技园区总面积接近 80 平方千米。2014 年 12 月，张江高科技园区中的 37.2 平方千米被纳入中国（上海）自贸区扩区。2016 年 2 月，张江综合性国家科学中心经由国家发展改革委、科技部批复，同意建设。2017 年 7 月，《张江科学城建设规划》经由上海市政府正式批复，原则同意，张江高科技园区规划总面积 95 平方千米左右。2018 年 5 月，上海市调整了科创中心管理体制，重组了上海推进科技创新中心建设办公室，为市政府派出机构，调整了张江管理体制，将"上海市张江高科技园区管理委员会"更名为"上海市张江科学城建设管理办公室"。

张江科学城经过多年的发展，已经形成了自身的产业特色。目前，汇聚于张江科学城的企业有 18000 余家，跨国公司地区总部有 53 家，高新技术企业有 828 家，其中包括中芯国际、华虹宏力、微创医疗、和记黄埔、上海兆芯、罗氏制药、华领医药等一批国际知名科技企业。张江科学城的产业主要表现在信息技术产业集群和生物医药产业集群两方面，初步形成了以信息技术、生物医药为重点的主导产业生态环境。张江科学城的集成电路产业经过 20 多年的发展，一直处于国内领先地位，聚集了国内外知名集成电路企业 307 家，形成了集设计、制造、测试、封装、材料、技术服务于一体的完整产业链，是目前国内最完善、最齐全的产业链布局。全球芯片设计 10 强中有 6 家在张江设立了区域总部、研发中心；全国芯片设计 10 强中有 3 家总部位于张江。张江科学城计划至 2025 年，将上海集成电路设计产业园打造成国家级集成电路设计产业园、国内集成电路设计业最集聚的区域，带动上海成为全国集成电路设计业销售规模最大的城市。张江科学城生物医药领域也已经形成了"新药研发、药物筛选、临床研究、中试放大、注册认证、量产上市"的完备创新链。张江科学城现在已成为上海最重要的高端医疗器械制造基地之一，其中，微创医疗器械国内市场占有率第一。医疗服务领域已引进多家高端医疗、医学检测、康复养老机构，稳步推进各项医疗服务项目，提升科学城产业能级。目前，张江科学城有 20 余家大型医药生产企业、40 余家 CRO 公司、300 余家研发型科技中小企业、400 余家生物医药企业、100 多家各类研发机构。目前，全球排名前 10 的制药企业中已有 7 家在张江科学城设立了区域总部、研发中心。

张江科学城有着丰厚的创新资源，并且还在持续汇聚。张江科学城现有国家、市、区级研发机构 440 家，包括上海光源、国家蛋白质设施、上海超算中心、张江药谷公共服务平台等一批重大科研平台，以及上海科技大学、中国科学院上海高等研究院、中国科学技术大学上海研究院、上海飞机设计研究院、中医药大学、李政道研究所、复旦张江国际创新中心、上海交通大学张江科学园等近 20 家高校和科研院所。这些科研平台、高校和科研院所与张江科学城有着密切的联系和紧密的合作，在未来的城市建设中将会为企业发展提供研究成果、技术支撑和人才输送，产学研高度密切的合作势必会加快科学发现在产业中的应用，以及高层次人才的定向培养和集聚。目前，张江科学城已有从业人员 37 万，其中博士 6200 余人、硕士 50000 余人、本科 135000 余人、专科 56000 余人、归国留学生 7500 余人、境外人才 4300 余人，引进各类高端人才 450 余人。

张江科学城创新创业的双创孵化模式优势明显。截至目前，张江科学城已经进驻了 86 家企业孵化器，在孵企业 2600 余家，孵化面积近 60 万平方米。张江科学城企业孵化的成功率很高，主要是由于它构建起了"众创空间＋创业苗圃＋孵化器＋加速器"的完整创业孵化链条，而且张江孵化器的入孵条件很宽松，几乎没有门槛，科技小企业也能进。张江孵化器还给予入孵企业许多优惠政策，如补贴租金、补贴共享仪器使用费、补贴留学人员创业成本等。张江科学城为科技小企业的顺利孵化提供了流程上的管控和各方面的帮助，体现了"国际化、集群化、专业化"的特色双创优势。

张江科学城不断深化发展科技金融，帮助入驻企业解决资金问题，助力高新技术企业快速起飞。目前，张江科学城已集聚了 20 多家银行、4 家科技支行、10 余家融资担保机构、150 余家创业投资机构以及上海股权托管交易中心。除此之外，为了破解中小企业融资难问题，张江科学城还陆续推出孵化贷、SEE 贷、互惠贷、创新基金贷、"张江中小企业集合信托理财"产品、张江中小企业集合票据、科技一卡通等。在充足的资金扶持下，高新技术企业能够持续进行深入研发，在短时间内实现规模化生产，一个孵化成功的小科技企业有可能在一两年内成长为一家上市大公司。目前，张江科学城中的上市企业有 45 家，新三板挂牌企业有 118 家，股交中心挂牌企业有 124 家。

张江科学城的综合配套设施十分齐全，这也是从宜居宜业的角度吸引世界各地的人才常驻张江，共建科学城。张江科学城内有 5000 套人才公寓，未来还将建设张江国际社区。张江科学城未来将打造成集研发办公、人才公寓、酒店、购物中心为一体的超过 100 万平方米的综合型城市副中心，满足城内人口的日常生活娱乐需求，构建完善、开放的生活交流环境，促进人与人之间的交互影响。另外，张江还有完备的基础教育体系和医院。

眼下，张江科学城正在全力打造学术新思想、科学新发现、技术新发明、产业新方向的重要策源地，努力建设成为"科学特征明显、科技要素集聚、环境人文生态、充满创新活力"的世界一流科学城。

四、合肥滨湖科学城

2017 年 1 月，国家批复设立合肥综合性国家科学中心，为合肥科学中心建设描绘了宏伟蓝图。同年 9 月 7 日，安徽省委省政府和合肥中国科学院共同印发了《合肥综合性国家科学中心实施方案（2017—2020 年）》，进一步推动国家科学中心建设从"设计图"转为"施工图"。2018 年 6 月，《滨湖科学城（国家级合肥滨湖新区）总体规划 2018—2035 年》公开招标。目前，合肥滨湖科学城（后简称"滨湖科学城")才刚刚起步,但我们可以从它的规划定位上感受其未来的发展。

从区域规划上来看,滨湖科学城占地很广,而且覆盖多个地区、开发区等,处在全国科技和长江中上游经济发展的战略位置。滨湖科学城包括肥东、肥西2个县和包河、蜀山、庐阳3个区的部分区域,覆盖3个国家级开发区(合肥高新区、合肥经开区、合肥出口加工区)和4个省级开发区(肥东经开区、肥西经开区、包河经开区、蜀山经开区),规划面积491平方千米,位于长三角和长江中游的交汇地带,是全国主体功能区规划明确的重点开发区域,是长三角辐射带动长江中上游和中原地区发展的重要节点,是安徽省"四个一"创新主平台的重要组成部分。滨湖科学城的规划和建设无意是为了引领和促进长江沿线各地区经济协同发展。滨湖科学城和合肥综合性国家科学中心一同规划,一起开始建设,两者分别承担了不同的任务,滨湖科学城重于创新城市的建设,同时也是我国中西部科学城的样板工程。

2017年,安徽发改委在解读《合肥综合性国家科学中心实施方案(2017—2020年)》的时候,表示要为滨湖科学城的建设提供最大限度的保障,包括但不限于资金、土地、政策。为了保障滨湖科学城的规划、建设、运行、发展,地方政策应先行,创新体制机制,完善政策支撑体系,与中国科学院、省直有关单位、合肥市政府多次沟通衔接,力求建立务实高效的管理运行机制,在依法合规的情况下,最大限度为国家科学中心建设提供资金、土地、政策等保障。把科学城的建设作为产、学、研、政、经的最佳结合点,充分发挥政策在保障地方高新技术产业集群发展、推动区域经济转型、促进城市转型等方面的作用。政策保障在世界知名科学城中都有所体现,但表现不一,多是结合本地基本情况,或是发挥自身的优势,打造自身特点等。这些多是成熟的科学城在运行中表现出来的阶段性政策优惠,对于初创阶段的滨湖科学城而言,摸清当地的情况、明确自身定位、牢记区域发展使命始终是政策保障的前提。目前看来,随着科学城的逐步建成,地方保障政策会越来越多,也会越来越细,并且将会根据实际情况进行调整。

滨湖科学城的规划建设在很大程度上借鉴了国外的成功模式,并且结合了地方特点。滨湖科学城坚持"尖端引领、集中布局"原则,打造科研要素更集聚、技术创新更活跃、生活服务更完善、生态环境更优美的世界一流科学城,成为全国创新驱动发展样板区、长江经济带生态文明先行示范区、长三角高质量发展重要增长极、内陆对外开放新高地。滨湖科学城始终坚持面向经济主战场、面向国家重大需求，注重打通技术到产业的通道，促进尖端科技和新兴产业深度融合，用"合肥模式"破解科技成果转化难题。

《合肥综合性国家科学中心实施方案（2017—2020年）》明确了滨湖科学城的具体建设任务，即建设"2+8+N+3"多类型、多层次的创新体系。"2"就是指争创量子信息科学国家实验室，积极争取新的国家实验室。"8"就是争取新建聚变堆主机关键系统综合研究设施、合肥先进光源（HALS）及先进光源集群规划建设等5个大科学装置，提升拓展现有的全超导托卡马克等3个大科学装置性能。"N"就是依托大科学装置集群，建设合肥微尺度物质科学国家科学中心、人工智能、离子医学中心等一批交叉前沿研究平台和产业创新转化平台，推动大科学装置集群和前沿研究的深度融合，提升我国在该细分领域的源头创新能力和科技综合实力。"3"是指建设中国科学技术大学、合肥工业大学、安徽大学3个"双一流"大学和学科。《合肥综合性国家科学中心实施方案（2017—2020年）》将对国家科学中心与产业创新中心实行一体化考虑，加快国家科学中心科技成果转化应用，形成具有全球影响力的科技成果和产业成果，构建"源头创新—技术开发—成果转化—新兴产业"的全链条创新体系。以国家实验室为基石，依托世界一流重大科技基础设施集群，打造代表国家水平、体现国家意志、承载国家使命的国家创新平台。滨海科学城能够依托中国科学技术大学在量子通信技术领域的国际领先地位，争创量子信息科学国家实验室，抢占量子科技国际竞争和未来发展的制高点。提前谋划中国聚变工程试验堆等一批新的大科学装置，争取列入国家"十四五"重大科技基础设施规划。为促进大科学装置以及交叉前沿研究平台的技术成果转化为现实生产力，还将加快中国科学技术大学先进技术研究院、中国科学院合肥技术创新院等一批产业创新转化平台建设，为培育战略性新兴产业提供强大支撑。

除了新型显示、智能语音及人工智能、光伏新能源、家用电器等产业，滨湖科学城还将倾力打造集成电路、新能源汽车及智能汽车、机器人、生物医药以及装备制造5个国家级产业集群。依托原始创新，注重前沿突破，滨湖科学城将催生一批未来先导产业，如量子信息产业、类脑智能产业、超导技术产业、高温超导储能产业、超高场磁共振成像产业、精准医疗产业以及大基因产业。

五、北京未来科学城

北京未来科学城（后简称"未来科学城"）位于北京市昌平区南部，2009 年 7 月正式启动建设，规划占地面积约 170.5 平方千米，以温榆河和定泗路为界，分为北区和南区，两区之间核心绿地 3.38 平方千米。北距北六环 2 千米，东至首都国际机场 15 千米，南距北五环 10 千米，西至立汤路 6 千米（距中关村生命科学园 12 千米）。

2008 年 8 月 1 日，中央组织部对神华集团有限责任公司的请示做出批示："赞成依据神华、中石油等大型国企建设一个国家级高新科技研发基地，采用生命所那样的新机制吸引世界优秀科技人才。"神华集团有限责任公司是于 1995 年 10 月经国务院批准，按照《中华人民共和国公司法》组建的国有独资公司，是以煤炭生产、销售，电力、热力生产和供应，煤制油及煤化工，相关铁路、港口等运输服务为主营业务的综合性大型能源企业。2016 年 8 月，神华集团有限责任公司在"2016 中国企业 500 强"中排名第 56 位。2017 年 7 月 12 日，神华集团有限责任公司获国资委 2016 年度经营业绩考核 A 级。2017 年 8 月 28 日，经报国务院批准，中国国电集团公司与神华集团有限责任公司合并重组为国家能源投资集团有限责任公司。国家能源集团目前资产规模超过 1.8 万亿元，职工总数约 35 万人。未来科学城是以引进央企研发机构和海外人才为特色的全国科技创新中心主平台之一，地处中关村科学城和怀柔科学城的连接点上，成果承接转化优势明显，战略位置突出。目前正在按照北京市委、市政府要求，集聚一批高水平企业研发中心，建设重大共性技术研发创新平台，打造全球领先的技术创新高地。

按照中央企业集中建设人才基地筹建工作小组通过的园区建设工作方案要求，结合园区"创新·科技"之城、"开放·共享"之城、"美好·活力"之城、"低碳·节能"之城和"和谐·生态"之城的规划理念，计划用 3 年左右的时间建设并初具规模，届时未来科学城将形成"一心、两园、双核、四轴"（"一心"指沿温榆河的绿色空间；"两区"指北区和南区；"双核"为园区配套的公共服务中心，温榆河以南为主公共服务核心区，以北为副核心区；"四轴"为生态轴、产业轴、休闲轴、文化轴）主体空间结构。其中，东区规划面积 41.8 平方千米，包括未来科学城一期、未来科学城二期、北七家先进能源基地和北七家文化科技服务区等重要组团，将打造以企业为主体的技术创新中心；西区规划面积 61.4 平方千米，包括沙河大学城、工程技术创新园、中关村生命科学园、科技服务产业园等重要组团，承载学科建设与人才培育，汇聚企业研发中心和科技创新服务平台。规划建设总建筑面积近 300 万平方米，包含总部办公、创意办公、优质办公、四星商务酒店、五星温泉酒店、五星科技酒店、科学家公寓、人才公寓、绿色生态住宅、精品购物中心、滨水公园、图书馆、剧院、体育中心、知名公立学校、国际学校、国际医院及地铁 17 号线。

从创新要素看，未来科学城重点聚焦"先进能源、先进制造、医药健康"等创新领域，注重加强与现有产业功能区融合互动，促进央企、高校、院所与创新型企业协同创新，集聚成果转移转化、知识产权、金融法律等创新服务平台。

目前，未来科学城已有大量知名企业、研究学院入驻，其中包括神华集团有限责任公司、国家电网公司、中国海洋石油总公司、中国华能集团公司、中国国电集团公司、中国电子信息产业集团有限公司、中国电信集团公司、鞍山钢铁集团公司、武汉钢铁（集团）公司、中粮集团有限公司、中国铝业公司、中国商用飞机有限责任公司、中国兵器装备集团公司、中国建筑材料集团公司、国家核电技术公司等 15 家中央企业。东区已入驻 14 家中央企业下属的 90 余家科研单位，建成先进输电技术国家重点实验室等 40 多个国家和北京市级研发创新平台，申报承担智能电网、煤炭清洁高效利用等 2030 重大专项。同时，推动央企联合高校、民企建立协同创新平台，先后组建了核能材料产业发展联盟、氢能源及燃料电池产业创新战略联盟；积极盘活央企空间，引入陈清泉院士科创中心、中航爱创客、新石器等创新主体，初步形成了跨国界、跨学科、跨业态的协同创新格局。西区进驻了北京航空航天大学、北京邮电大学等 8 所大学或分校区；生命科学园已成为蛋白质组学、基因组学、脑科学等生命科学基础研究高地；国家材料服役安全科学中心、国家蛋白质科学中心等一批关键技术创新平台为技术突破提供条件保障，同时，还引进了国家知识产权运营服务平台、国家机器人质量监督检验中心等科技服务平台和小米科技等创新型企业，形成了从人才培育、基础研究、技术研发、科技服务到成果转化的创新发展链条。未来科学城与中央企业充分合作，拟投资建设研究院、研发中心、技术创新基地和人才创新创业基地，研发涉及新能源、新材料、节能环保、新一代信息技术等战略性新兴产业的重点领域。

未来科学城以打造一流科研人才聚集高地、搭建引领科技创新研发平台、构建全新运行机制的人才特区为发展目标。在人才战略上，未来科学城计划引进 10 位左右在业内有重大影响、具有科技研发国际前瞻力的战略科学家，集聚 100 位左右掌握行业核心技术、具有旺盛创造力的研发领军人才，培养 1000 位左右精通研发技能、掌握关键技术的科研骨干，形成一批国际一流、结构合理的研发团队。在研发方面，未来科学城的目标是研发机构 50% 达到国际先进水平，80% 以上达到国内领先水平。在人才引入方面，未来科学城将借鉴国际一流科研机构的运行机制，探索建立企业投资为主、国家支持为辅的科技投入体制，建立以企业为主导、产学研用相结合的科研协作机制，建立研发机构负责人按照有关规定自主决定团队成员聘任、研究内容或技术路线、科研经费使用等的内部运行机制，建立以期权、股权等方式分享利益的长效激励机制，充分发挥海外人才的积极作用。

目前，未来科学城已经正式步入运营阶段，成功举办了无人机比赛、科技论坛等活动，在能源科技、医药健康、人工智能等领域打开局面，赢得声誉。2020 年，未来科学城似乎按下了加速键，在科技创新领域不断传来好消息，创造新成果。比如入驻的孵化机构中粮营养健康科学园通过北京市科技主管部门评审，经科技部公示后正式成为年度国家备案众创空间。北京未来科学城智慧城市运行服务中心（IOC）项目开工建设，该项目是未来科学城规划建设的重要信息化基础设施，是昌平区政府、未来科学城集团与华为公司战略合作项目，承担服务政企、园区管理、信息安全等重要功能。项目建成后将作为园区信息资源汇聚的枢纽和智慧化运行的中枢，为政府和企业提供数据存储、计算、应用等多层次全方位服务，为未来科学城智慧城市建设奠定坚实基础，为城市设施、交通、环境、能源等精细化管理和协同运行提供服务平台，有助于提高园区科技创新服务水平，创造优质的信息化基础设施环境。众创空间的落成必定会加速科技企业的入驻，带来园区产值的大增长；信息网络和信息安全建设对科学城的未来发展与国际化的合作都有重要意义，在很大程度上会影响企业的入驻。

六、广州科学城

广州科学城是广东省广州市黄埔区（原萝岗区）的一个现代化科学园区，位于白云山生态保护区边缘，东接原萝岗区，北邻白云区，南望珠江，西靠广州新城市中心珠江新城，地处广州知识密集区。广州科学城的规划建设历经 20 余年，由最初的 3.7 平方千米，发展到现在规划中的 144.65 平方千米，扩大约 39 倍。它是广州市东部发展战略的中心区域，是广州市发展高新技术产业的示范基地。广州科学城将以科学技术的开发应用为动力，以高科技制造业为主导，配套发展高科技第三产业，成为具有高质量城市生态环境，完善的城市基础设施，高效率的投资管理软环境的产、学、住、商一体化的多功能、现代化新型科学园区。

广州科学城距黄埔港口 18 千米，距白云机场 17 千米，广深铁路和广深、广汕、广州环城高速公路汇集于此，驱车两小时即可从科学城到达香港，便利的交通为广州科学城内的人流、物流及信息流的高速运转提供了顺畅的通道。

广州科学城是区域联合、共谋发展的必然结果。1998 年 10 月，广州经济技术开发区与高新技术开发区合署办公，实现"资源共享、优势互补、联动发展"，加快了广州科学城的开发建设速度。1998 年 12 月 28 日，广州高新区的核心园区广州科学城正式奠基启动。该区域规划设计科学、地理位置优良、交通运输便利，坚持生态优先，开发建设起点高，是广州发展高新技术产业的重要基地、21 世纪的标志性科技工程、未来广州最适宜创业发展和生活居住的现代化生态园林城市的样板区、现代化新型城区和休闲旅游景点，致力于打造东方的"欧洲城"。广州科学城建设以高新技术产业的研究开发、生产制造为主，鼓励发展微电子、计算机、现代通信、机电一体化、光电技术、空间技术、生物技术产业，同时建设与其配套的信息、仓储、金融、商住、体育、娱乐及环保设施，并根据其建设规划目标以及该地区原有地形条件和环境保护需要，保留 14 个小山峰、部分生态林地和农田，形成人与自然和谐发展的生态环境。

2020 年，广东省委全面深化改革委员会印发《广州科学城创新发展行动方案》，提出广州科学城要围绕建设具有国际影响力的"中国智造中心"总体定位，全力打造粤港澳大湾区国际科技创新中心重要引擎、国家制造业高质量发展引领区。计划到 2023 年，广州科学城面积会扩大到 145 平方千米，打造活力迸发的科技创新核，建设协同发展的创新产业区、创新服务区和创新拓展区，构建产研融合的科技创新集聚轴和先进制造业提升轴，形成"一核三区两轴"区域创新发展新格局。在科技创新方面，广州科学城的目标是到 2023 年建设 1 个以上大科学装置、10 家以上中国科学院系列科研院所、100家以上新型研发机构和国家级企业创新平台，实现科学研究与试验发展占GDP比重达到6%以上。同时，广州科学城计划打造新一代信息技术、人工智能、生物医药三大千亿级产业集群，创建国家级工业互联网创新中心，培育一批"中国智造"标杆企业，建设世界顶尖生物医药产业基地，打造工业总产值"万亿"强区。广州科学城为了激发人才创新活力，实行团队带头人全权负责制，赋予其用人权、用财权、用物权、技术路线决定权、内部机构设置权和人才举荐权。为了突出开放创新，把园区打造成服务"一带一路"重要支撑区，广州科学城将创新出台国际合作政策，试点"保税科技创新"联动运行模式。11月27日，广州开发区管理委员会与德国海茵建筑设计公司签署了战略合作协议，12月1日，广州黄埔区政府公布了《广州科学城提升规划深化设计》，科学城的建设又掀开新的篇章。接下来，广州科学城将按照"631"的布局来进行建设，所谓"631"，即60%是产业空间，30%是配套居住空间，10%是配套商业空间。之所以如此布局，是因为广州科学城的产业升级——粗放式工业大发展向集约型人工智能和数字经济方向发展——必然会带来物质空间、物质载体的变化。

广州科学城毗邻自然保护区，自然环境不必多说，更令其他科学城羡慕的是它还具有优良的营商环境。广州高新区的行政审批改革、政策兑现服务、知识产权运用和保护三大营商环境改革创新品牌在全国独领风骚。2019年7月，《广州高新区（黄埔区）建设广东省营商环境改革创新实验区实施方案》正式获得广东省委批准，方案聚焦营商环境难点、痛点、堵点问题，针对性强，含金量高。据介绍，通过该项改革，广州高新区超过80%的企业投资项目备案实现1个工作日办结，其余全部在承诺时限内2个工作日内办结；项目备案"变更、延期、撤销"事项，全部实现"即来即批"。2020年3月，广州高新区在全国率先推出"营商环境10条"和"99项营改措施"。"营商环境10条"提出，建立以企业满意度为导向的多维度监测机制，进一步保障企业的合法权益，完善社会监督、行政监督制度。"99项营改措施"则坚持以问题和需求为导向，切实打造让企业满意的营商环境。为破解企业开办多头跑动、材料重复、虚假注册等问题，全面推广"区块链＋AI"商事服务模式，企业注册地址自动校验，经营范围智能推荐，实现企业开办全程"零见面"、0.5天办结。为助力"中小企业能办大事"，设立分别不少于2000万元规模的科技信贷风险补偿资金池、知识产权质押融资风险池，建立健全信贷风险补偿机制，着力提升企业获得信贷便利性。广州科学城的营商环境是有目共睹的，2019 年，广州高新区荣膺"2019 年度中国营商环境十佳经济开发区"第一名和"2019 年度中国营商环境改革创新最佳示范区"，该区被企业和人才称赞为"离成功最近的地方"。

广州科学城以自身的城区优势、产业优势、政策优势、资源优势、资金优势等吸引了一些在高精尖领域举足轻重的尖端人才项目，包括中国科学院徐涛院士，加拿大国家工程院院士叶思宇，中国科学院、美国科学院、美国医学院和美国艺术与科学院"四院院士"谢晓亮，中国科学院院士陈晔光，中国工程院院士林东昕，英国皇家生物学学会院士瑞查森，美国工程院院士亚瑟等海内外院士项目。除了向外引进高层次人才，广州高新区同时也注重培养人才，通过建设智能制造、区块链等产业学院，打造大师工作室、双创实战基地、人才服务一站式、双创成果转化平台、中小企业服务平台，以及每年评选"黄埔工匠"、优秀高技能人才等，支持大学生、技能人才和其他社会群体科技成果转化和创业就业。

七、西部（成都）科学城

西部（成都）科学城项目首先基于成都自身的资源。成都自古有"天府之国"的美誉，是我国首批历史文化名城、中国最佳旅游城市，交通便利，农业发达，同时也是西部战区机关驻地、全球重要的电子信息产业基地。这里将传统与现代完美融合，保持着快节奏的经济发展和慢节奏的城市生活，是不少人心目中宜居宜商宜业的国际性大都会。成都的开放包容、多元化、现代化、人文性等特点对全国各地的人才都有着巨大的吸引力。成渝地区有着深刻的创新基因，这里聚集了 121 所高校、18 个国家重点实验室、7290 家高新技术企业和 87 个众创空间，成都更是成功孕育出西南地区首家科创板上市企业以及 18 家独角兽或准独角兽企业。拿成都与世界知名的科学城比较会发现，成都在许多方面都接近现代科学城，但是成都却还没有一座以科技创新作为驱动核心的集约化高新技术产业科学城。成渝地区在西部处于重要的战略地位，是区域航向标，成都和重庆的经济发展模式都会深刻地影响到西部地区。现在，全球经济一体化的局面越来越明朗，未来的经济一定是以科技创新为核心的，未来的城市也将为科技创新而改变，为科技创新而服务，最终实现以人为本的现代化发展。因此，成都已经初步具备科学城的基本要素，并且有着城市转型升级的内在需要。

2020 年年初，中央正式提出加快建设成渝地区双城经济圈，建设具有全国影响力的科技创新中心是成渝地区双城经济圈的重要战略定位之一，同时明确支持成渝地区以"一城多园"模式合作共建西部科学城。2020 年 6 月 3 日，成都市科技创新大会召开。《中国西部（成都）科学城战略规划（征求意见稿）》向大会征求意见，《关于全面加强科技创新能力建设的若干政策措施》《关于支持中国西部（成都）科学城建设的人才行动计划》也随之发布。西部（成都）科学城项目正式启动，目标到 2025 年，初步建成具有全国影响力的科学城，力争成功创建综合性国家科学中心，启动建设天府实验室，新增 2 个以上重大科技基础设施，建成 2 个以上国家重点实验室，3 个以上国家级创新中心，100 个以上前沿科学交叉研究平台、新型研发机构和国家级企业创新平台；到 2035 年基本建成具有国际影响力的科学城，到 2050 年全面建成全球一流的科学城。这座高起点高标准规划的中国西部科学城将为建设具有全国影响力的科技创新中心，推动成渝地区双城经济圈建设注入澎湃动力。

西部（成都）科学城总规划面积 361.6 平方千米，由"一核四区"构成，形成"核心驱动、协同承载、全域联动"的发展格局。"一核"指的是成都科学城，规划面积 99.4 平方千米，位于成都市主城区正南方，距成都市中心城区约 25 千米，距双流国际机场、天府国际机场分别约 20 千米、30 千米，是推动成都"双核共兴"、建设国家中心城市的新极核。该科学城的定位是建设全国重要的创新驱动动力源、全国重要的高质量发展增长极、全国一流的高端创新要素集聚地、全国领先的创新创业生态典范区。环兴隆湖布局建设科学研究及应用转化、信息网络、生物医药、创意设计、军民融合、中德合作等六大产业组团，重点发展基础科研、互联网大数据、生物科技、高端制造、现代金融、创意设计、研发服务等高端产业。"四区"即新经济活力区、天府国际生物城、东部新区未来科技城和新一代信息技术创新基地。新经济活力区规划面积 88.9 平方千米，定位为新经济企业和创新型团队汇集区，重点围绕 5G 通信与人工智能、网络视听与数字文创、大数据与网络安全、区块链等新经济新产业，建设国家数字经济创新发展试验区、国家新一代人工智能创新发展试验区，打造具有全球影响力的新经济策源地。天府国际生物城规划面积 69.8

平方千米，定位为全球医药健康创新创业要素汇集区，重点围绕生物技术药物、高性能医疗器械、精准医疗、智慧健康等领域，建设重大新药创制国家科技重大专项成果转移转化试点示范基地等平台，打造世界级生物产业创新与智造之都。东部新区未来科技城规划面积60.4平方千米，定位为国际创新型大学和创新型企业汇集区，重点围绕智能制造、航空航天、6G、网络信息等领域，建设国际合作教育园区，打造国际一流应用性科学中心、中国西部智造示范区和成渝国际科教城。新一代信息技术创新基地规划面积43.1平方千米，定位为全球电子信息产业高端要素汇集区，重点发展集成电路、新型显示、智能终端、网络通信等领域，集聚华为成都研究院、京东方创新中心、IC设计产业总部基地、"芯火"双创基地等重大创新平台，打造国际知名的中国新硅谷。

西部（成都）科学城规划十分重视人才的引进和培养，坚持以"人城产"理念重构城市发展方式，提出构建先进要素富集的创新生态圈、构建具有国际竞争力的现代产业集群、构建公园城市国际化生活社区三项策略，通过促进优质创新创业要素资源加快向科学城集聚，构建具有国际竞争力的产业生态圈、创新生态链，营造有利于国际人才创新创业创造的良好环境和鼓励集体智力应用的创意氛围吸引高精尖人才和项目。面对人才争夺战，成都提出了12项举措，其中，特别明确推动成渝地区双城经济圈人才流动，面向成渝地区双城经济圈的青年人才实施社会保险、工作年限同城认定，以人才的高效流动、协同发展带动区域共兴；明确鼓励人才向成都东部新区集聚，围绕城市"东进"和东部新区未来科技城建设，推出落户安居、生活补贴、职称评定等定制化举措，引导人才集聚东部新区，加速推动"未来之城"成型成势。

西部（成都）科学城规划提出建设支撑数字共生城市的新型基础设施，以数字共生城市赋能城市全景创新发展两项策略。西部（成都）科学城将建设支撑数字共生城市的新型基础设施，构建工业互联网、城市物联网、数据处理运算基础设施，部署科学城主体框架和仿真系统；加快推动中国电信西部大数据中心、云锦天府IDC数据中心等重大项目落地，形成全国一流的存算一体服务能力。同时，打造成都5G智慧城等人工智能创新应用先导区，全面提升"城市大脑"统筹能力，打造智慧企业、智慧园区、智慧城市。

西部（成都）科学城将率先开展重大科技体制机制改革试点，在职务科技成果权属改革、创新要素优化配置、科研事业单位和科研人员自主权放宽、科研评价机制改革等方面实施四项策略。

八、武汉未来科学城

武汉未来科技城是我国中西部第一个获批建设的未来科技城，2010年10月开建，位于有"中国光谷"之称的东湖国家自主创新示范区内，规划占地面积66.8平方千米，约占光谷面积的1/8。其中，高新大道以北、外环线以西的2.6平方千米区域为首期建设区，于2010年10月28日奠基开工。武汉未来科技城是在518平方千米东湖国家自主创新示范区内规划的一个城市功能完备的卫星城，将能容纳30万人口，以新一代信息技术产业、光电产业、高端装备制造产业、现代服务业为重点，兼顾其他战略性新兴产业研发。在入驻对象上，在技术先进性的前提下，不限所有制、不限区域。

武汉未来科技城依托光谷而建，天然享有光谷的资源。光谷下辖八个街道、八大产业园区，有武汉大学、华中科技大学、武汉职业技术学院、武汉软件工程职业学院等58所高等院校，100万名在校大学生；有中国科学院武汉分院、武汉邮电科学研究院等56个国家级科研院所，10个国家重点开放实验室，7个国家工程研究中心，700多个技术开发机构，52名两院院士，25万多名各类专业技术人员。光谷年获科技成果1500余项，是中国智力最密集的地区之一，科教实力居全国第三。光谷已成为全球最大的光纤光缆研制基地、全国最大的光器件研发生产基地和国内最大的激光产业基地。光纤光缆的生产规模居全球第二，国内市场占有率达50%，国际市场占有率为12%；光电器件、激光产品的国内市场占有率为40%，在全球产业分工中占有一席之地。2016年5月，光谷被国务院确立为大众创业万众创新示范基地，平均每个工作日诞生9家企业，平均每天有10项发明专利诞生，培育出中国信科、长飞光纤、华工科技、华工激光等全球知名的行业领军企业。

武汉未来科技城发展的主方向是"朝阳产业"，其项目定位为整体覆盖光电子信息、生物医药、能源环保、现代装备制造和高科技农业等五大主导产业领域，重点发展光电子信息、能源环保和现代装备制造业，集中推动新材料、物联网、文化创意等产业的集聚发展。

武汉未来科技城虽然规模只占光谷的1/8，但是计划用10年的时间创造一个"新光谷"，实现收入与光谷持平，然后迅速赶超光谷，步入现代科学城之列。首先是以大科学装置、众多知名企业和研究院吸引高科技公司入驻。2010年10月28日，武汉未来科技城开工之日，其首个地标性建筑——武汉新能源研究院也一同开建。该院由东湖高新区与华中科技大学合建，建成使用后，将吸引太阳能研究中心、风能研究中心、生物质能研究中心等众多新能源研究机构入驻。同时，华为技术、台湾联发科、德国电信、中国移动、中国电子动力电池研究院、武汉未来科技研究院等14个项目已确定入驻。此外，还有40余个重大项目正在紧密洽谈。其次，武汉未来科技城计划吸纳10万名科技工作者，计划实现企业收入2000亿元。因为，武汉未来科技城计划培育规模以上企业200家、创业型企业1000家，为此需引进和培养500个高水平科技创新创业团队，需要的科技工作者超过10万人。最后，武汉未来科技城制定了许多优惠政策来吸引高新技术企业和高端科技人才入驻。武汉未来科技城的入驻条件很宽松，只要是符合技术先进性前提的企业和创业团队，不限所有制、不限区域，均可入驻。当然，重点面向中央企业、大型国企、民营企业、国外知名企业，以及重点高等院校、高水平科研院所和海内外产业研发高端人才及其团队。一旦入驻，世界500强、国内外具有雄厚实力的上市公司、国内行业前20名的企业和科研院所等机构可获一次性奖励；投资规模在10亿元以上的企业，可获一次性固定资产投资总额1%的奖励；入驻后，还会提供购房补贴和三年租房补贴；获得国家863计划、973计划等国家重大科技计划立项，给予5%～10%的立项资助；重大科技成果在本地进行中试，经评定后给予中试资助；做出重大贡献的科学家、工程技术和管理专家，可无偿拥有配套公寓产权。

武汉未来科技城重点发展新一代信息技术产业、光电产业、高端装备制造业、现代服务业四大产业。新一代信息技术产业包括地球空间信息、物联网、云计算和移动互联网。不同产业的重点领域不同，发展思路不同，但整体是和谐一致、符合科学城整体产业生态平衡发展需要的。如移动互联网的重点领域在于手机游戏、手机阅读、手机支付等应用服务和移动互联网技术平台等。该产业的发展思路是大力吸引国内外移动互联网龙头企业、高端人才入驻，促进创新创业企业集聚，迅速实现规模集约。光电产业包括光电通信、光电显示、激光、半导体照明等。高端装备制造业包括新能源装备、船舶业、航空业等。现代服务业包括科技创新服务、商务服务、文化创意、教育培训等。现代服务业与科学城的建设发展是离不开的。现代服务业在科学城的迅速崛起中面临众多挑战和机遇，发展现代服务业能够提升城市的整体品质，辅助城市节约更多资源、创造更多价值。如为科学城量身打造的科技创新服务，在一个科学城中，这样的服务工作可能需要数百家服务公司才能完成，发展思路主要是鼓励成立第三方研发企业、设立研发机构，并积极吸引跨国公司研发中心、科技中介服务机构入驻。再比如教育培训，重点领域包括 IT 技能培训、英语培训、企业管理培训，都是针对性极强、专业性极高的、为高科技企业定向推出的培训服务，发展思路目前是大力吸引 3 至 5 家国内外知名教育培训企业入驻。

九、杭州未来科学城

杭州未来科技城，位于杭州市中心西侧，毗邻西溪国家湿地公园和浙江大学，区位优越、环境优美、资源丰富、空间广阔，是浙江省"十二五"期间重点打造的杭州城西科创产业集聚区的创新极核。2010 年年初，经省委组织部（人才办）牵头推进，浙江海外高层次人才创新园（简称"海创园"）正式启动。在省市各级各部门的大力支持下，海创园各项建设快速推进，得到了中央组织部、国务院国资委的关心重视。2011 年 4 月，中央企业集中建设人才基地筹建工作小组第三次会议将海创园与北京、天津、武汉等地的人才基地一起，列为全国四大未来科技城。同时，未来科技城（海创园）也是杭州城西科创产业集聚区的重要组成，是省委、省政府重点打造的人才特区，列入了国家级海外高层次人才创新创业基地。

杭州未来科技城总规划面积 113 平方千米，北至杭长高速公路，南至杭徽高速公路（02 省道），东至杭州绕城高速公路，西至南湖。在此基础上，划定了未来科技城 35 平方千米重点建设区，具体范围为北至宣杭铁路，东至杭州绕城高速公路，南至和睦水乡，西至东西大道（含永乐区块）。杭州未来科技城的定位是，围绕电子信息产业、生物医药研发、新能源新材料研发、装备制造研发、软件与创意设计、金融中介及生产性服务业等门类，全力打造二三产融合发展的 2.5 产业集聚区，形成涵盖人才、研发及产业化的全方位的扶持政策体系，积极吸引和支持海外高层次人才创新创业，着力打造人才特区，建设产城融合发展的科技新城。

　　杭州未来科技城拒绝照搬模式，致力于打造自身特色。首先，杭州未来科技城以引进海外高层次人才为优先目标，尤其重视"带项目、带技术、带资金"的高端人才及创业团队的引进，走内涵式发展道路。目前，已落户阿里巴巴淘宝城、中国移动 4G 研究院、南方水泥、奥克斯研究院、浙江福彩等项目。其次，杭州未来科技城以浙江经济特色为核心支撑，支持研发项目与民企、民资合作，引导民间资本成为产业资本，形成"人才 + 资本"的创业特色。建设以来，杭州未来科技城的招商引才工作一直得到海内外投资者及高层次人才积极响应，高层次人才和高端项目快速聚集，城市建设和产业配套不断推进，与浙江大学的战略合作全面开启。在中央组织部、国务院国资委和省委、省政府的高度重视下，杭州未来科技城已与北京、天津、武汉等地的未来科技城一起，列入中央企业集中建设人才基地。最后，杭州未来科技城以全新的引才用才机制为重要保障，通过创新政策和体制机制，引导中央企业、大型民企搭建平台，发挥引才用才主体作用，构建人才吸收和开发利用体系。

　　为了精准分析和规划小镇产业发展，引进人工智能行业领军人才，招引优质项目，制定适应发展和创业创新的政策，集聚投资机构解决企业融资问题，支持领先的创新研发平台入驻，引进国内外知名孵化平台，发展一批中介服务和公共服务平台，完善周边配套服务和基础设施建设，杭州未来科技城在核心区域建设了中国（杭州）人工智能小镇。人工智能小镇规划面积约为 3.43 平方千米，其先导区占地 227 亩，首期工程已于 2017 年 5 月完成主体建设，2017 年 7 月 9 日正式投用。小镇先导区首期建筑体积 31 万立方米，将入驻人工智能专业孵化平台、重大科研项目以及星巴克咖啡、全家便利店、人才公寓等商业配套。小镇先导区二期建筑体积 17 万立方米，计划引进人工智能产业项目。小镇先导区三期建筑体积 22 万立方米，计划引进酒店式公寓及其他商业配套。之所以建设人工智能小镇，是因为杭州未来科技城作为全省创新创业的高地之一，已经形成了一支以"阿里系、浙大系、海归系、浙商系"为代表的创业"新四军"队伍。人工智能小镇处于浙江省科技创新"十三五"规划版图上重点打造的城西科创大走廊核心区域，依托城西科创大走廊人才、产业、资本等优势，借助浙江大学、阿里巴巴、海创园、梦想小镇等各类平台优势，从而实现人工智能领域高端要素的集聚，未来必将成为继海创园、梦想小镇之后杭州城西科创大走廊的又一个"引爆点"和"新地标"。可以说人工智能小镇就是杭州未来科技城的"未来科技城"。人工智能小镇坚持人才引领，坚持创新驱动，坚持全链融合，坚持开放共享，计划在三年内重点建设 10 家以上高水平的专业研究院和企业研发中心，搭建 30 个专业孵化平台，引进领军型人才 50 名，扶持创新创业项目 1000 个，建设成为国内顶尖、国际一流的人工智能产业集聚高地。人工智能小镇享有各类优惠政策，高层次人才，最高可获 300 万元安家补助；孵化平台，最高可获 1500 万元房租补助；初创型企业，最高可获 600 万元研发补助；成长型企业，最高可获 500 万元研发补助；金融支持，最高可获 2000 万元让利性股权投资引导基金。杭州未来科技城坐拥西溪国家湿地公园，域内水网密布，是杭州的天然氧吧。园区内还有与西湖水域面积相当的南湖，以及较西溪湿地更为原生态的和睦水乡。2020 年 4 月，《中国（杭州）人工智能小镇国家 3A 级旅游景区创建规划》正式通过专家评审，这标志着人工智能小镇创建国家 3A 级旅游景区进入实质性挂牌验收阶段。

第二节　四大综合性国家科学中心

为大力提升国家科技领域竞争力，汇聚世界一流科学家，突破一批重大科学难题和前沿科技瓶颈，显著提升中国基础研究水平，强化原始创新能力，我国重点推动综合性国家科学中心科学城的建设。在 2016 年 12 月印发的《国家重大科技基础设施建设"十三五"规划》中明确提出："建设若干具有国际影响力的综合性国家科学中心。在北京、上海、合肥等设施相对集聚的区域，建设服务国家战略需求、设施水平先进、多学科交叉融合、高端人才和机构汇聚、科研环境自由开放、运行机制灵活有效的综合性国家科学中心。充分利用先进的信息技术，开展设施建设和运行机制的改革探索和先行先试，创新设施建设和运行模式，形成世界级重大科技基础设施集群，成为全球创新网络的重要节点、国家创新体系的基础平台以及带动国家和区域创新发展的辐射中心。协调综合性国家科学中心内的有关单位承担国家重大科技任务，发起大科学计划，推动实现重大原创突破，攻克关键核心技术，增强国际科技竞争话语权。"

《国家重大科技基础设施建设"十三五"规划》指出，到 2020 年我国的目标是"初步建成若干综合性国家科学中心，使其成为原始创新和重大产业关键技术突破的源头，成为具有重要国际影响力的创新基础平台。"截至 2020 年 3 月，全国共有北京怀柔综合性国家科学中心、上海张江综合性国家科学中心、合肥综合性国家科学中心、深圳综合性国家科学中心 4 家获批。

一、北京怀柔综合性国家科学中心

北京怀柔综合性国家科学中心于 2017 年 6 月获批，由北京市和中国科学院共同进行建设。北京市委市政府决心将其打造成代表我国最高科技水平的科学研究和人才聚集高地，成为引领科技创新中心建设的核心支撑。目前已有的大科学装置包括高能同步辐射光源、极端条件实验装置、地球系统数值模拟装置等。现主攻的关键技术或项目包括清洁能源材料、材料基因组、先进光源技术、空间卫星技术、先进载运等 5 个交叉研究平台项目。主要依托单位为清华大学、北京大学、北京航空航天大学、口国科学院等高校院所。

北京怀柔综合性国家科学中心建设基本分五步：一是要加强顶层设计，制定好发展战略，谋划好发展蓝图；二是要建设好已开工项目，抓紧论证一批新的大科学装置和交叉研究平台；三是要加强体制机制改革创新，积极争取筹建国家实验室；四是要着力吸引一批国际一流人才，打造高端人才聚集高地；五是要加快配套设施建设，把怀柔科学城建设成为创新之城、宜居之城。

北京怀柔综合性国家科学中心项目是基于北京科学城建设的基本面，响应国家科技创新战略，服务地方创新型产业发展来开展的。北京怀柔综合性国家科学中心中关村科学城主要依托中国科学院有关院所、高等学校和中央企业，聚集全球高端创新要素，实现基础前沿研究重大突破，形成一批具有世界影响力的原创成果；怀柔科学城重点建设高能同步辐射光源、极端条件实验装置、地球系统数值模拟装置等大科学装置群，创新运行机制，搭建大型科技服务平台；未来科学城着重集聚一批高水平企业研发中心，集成中央在京科技资源，引进国际创新创业人才，强化重点领域核心技术创新能力，打造大型企业集团技术创新集聚区。三个科学城各有侧重、各有规划，如何从区域和国家层面对其进行统筹成了一个现实的问题。北京怀柔综合性国家科学中心是以未来视角看待科学城的整体发展，这样既能保证每个科学城的发展重点、产业特色，也能为科学城的稳定发展提供更高层面的指引、更专业的支撑、更周到的服务。北京怀柔综合性国家科学中心的建设能够给众多科学城引入更为高精尖的大科学装置，为科学城集群提供强力的科技支撑，加强科学城之间的联系，促进产业融合、学科交叉，最终实现科技创新发展。

北京怀柔综合性国家科学中心汇聚了大量社会资源，以极大的气魄迈向雄伟的发展目标，是时代和地区的"大手笔"。2016 年，国务院发布《北京加强全国科技创新中心建设总体方案》，指明北京将统筹规划建设中关村科学城、怀柔科学城和未来科学城，建立与国际接轨的管理运行新机制，推动央地科技资源融合创新发展。加强北京市与中央有关部门会商合作，优化中央科技资源在京布局，发挥高等学校、科研院所和大型骨干企业的研发优势，形成北京市与中央在京单位高效合作、协同创新的良好格局。2017 年 5 月 25 日，国家发展改革委、科技部联合批复《北京怀柔综合性国家科学中心建设方案》，同意建设北京怀柔综合性国家科学中心，规划到 2020 年，北京怀柔综合性国家科学中心建设成效将初步显现，到 2030 年，全面建成世界知名的综合性科学中心。依据方案目标，2018 年全社会研究与试验发展经费投入强度保持在 6% 左右；每万人发明专利拥有量 98 件左右，居全国首位；同时突出关键共性技术、前沿引领技术、颠覆性技术创新等。北京市提出要在新能源智能汽车、新材料等 10 个高精尖产业领域，促进形成基础研究、技术开发、成果转化产业化发展的完整链条；国家高新技术企业数量达到 2.2 万家，处于全国前列；技术合同成交额超过 4800 亿元，创业投资额占全国比重 1/3 左右，居全国首位。

北京怀柔综合性国家科学中心布局众多重大科技项目，未来必定成为高新技术汇聚的高地。2020 年 10 月，北京怀柔综合性国家科学中心轻元素量子材料交叉平台、空地一体环境感知与智能响应研究平台、脑认知机理与脑机融合交叉研究平台 3 个重大科技项目获北京市发展改革委批复。这 3 个项目的获批，意味着北京怀柔综合性国家科学中心"十三五"时期规划布局的 29 个重大科技项目全部完成立项审批。2019 年 12 月，16 个国家重大科技项目密集落地，助力北京怀柔打造综合性国家科学中心。这 16 个项目包括 11 个国家科教基础设施和国际子午圈大科学计划总部、高能同步辐射光源配套综合实验楼和用户服务楼、介科学与过程仿真交叉研究平台、北京分子科学交叉研究平台、北京激光加速创新中心 5 个第二批交叉研究平台。此前，已经有 5 个重大科技基础设施和 5 个首批交叉研究平台落户怀柔。5 个重大科技基础设施包括综合极端条件实验装置、高能同步辐射光源、地球系统数值模拟装置、多模态跨尺度生物医学成像技术，以及子午工程二期。据介绍，利用极端实验条件取得创新突破已成为科学研究发展的一种重要范式。综合极端条件实验装置是其中最早动工的，于 2020 年 7 月建成，是国际上首个集极低温、超高压、强磁场和超快光场等极端条件为一体的用户装置，能够实现 1 mK 的极低温、300 GPa 的超高压、26 T 的超导磁体强磁场和 100 as（阿秒）的超快光场等单项极端条件指标，实现 10000 T/K 的磁场 / 温度值、2800 T·GPa/K 的磁场·压力 / 温度值、60000 GPa·K 的压力·温度值及 4.2 K 下 200 fs（飞秒）的超快光场脉宽等综合极端条件指标，有效推动材料、能源、信息等领域关键问题破解和产业升级发展，对支撑北京怀柔综合性国家科学中心和全国科技创新中心建设、辐射带动京津冀协同创新具有重要影响及作用。

北京怀柔综合性国家科学中心计划筹建国家实验室。国家实验室是以国家现代化建设和社会发展的重大需求为导向，开展基础研究、竞争前沿高技术研究和社会公益研究，积极承担国家重大科研任务的国家级科研机构，是根据国家重大战略需求，在新兴前沿交叉领域及具有我国特色和优势的领域，依托国家科研院所和研究型大学，建设若干队伍强、水平高、学科综合交叉的国家实验室。国家实验室的筹建往往依托名牌大学，例如依托中国科学技术大学的国家同步辐射实验室，依托中国科学院高能物理研究所的正负电子对撞机国家实验室，依托中国原子能科学研究院的北京串列加速器核物理国家实验室，依托中国科学院近代物理研究所的兰州重离子加速器国家实验室，依托中国科学院金属研究所的沈阳材料科学国家（联合）实验室（后转为沈阳材料科学国家研究中心）等。北京是全国高校聚集地，也是科技研究与创新产业聚集地，筹建国家实验室是综合性国家科学中心建设的重要内容。国家实验室既体现科技发展的程度，也助力高新技术的研究、科技创新产业的发展。因此，科技部将积极筹措经费，支持国家实验室建设。教育部"211 工程""985 工程"，中国科学院"知识创新工程"等要对国家实验室建设予以重点支持。鼓励地方、企业等以多种方式参与国家实验室建设。多方支持，共建共管。国家实验室实行国际专家评估制度。此外，北京怀柔综合性国家科学中心的人才计划还可与筹建国家实验室并举，在筹建过程中吸引人才，以人才引进推动实验室的建设。国家实验室一直把吸引、聚集和培养国际一流人才作为重要任务，积极参与国际人才竞争，千方百计吸引和选拔一流人才到国家实验室工作。国家实验室要注重科研团队的培育，努力形成一批规模大，年龄和知识结构合理，有凝聚力、有活力的创新团队。国家实验室要制定有针对性的聘任、考评、激励制度与机制，培养和稳定一批高水平实验技术人员。根据我国科学部发布的《2015国家重点实验室年度报告》，截至2015年年底，正在运行的国家重点实验室共255个，试点国家实验室7个，北京有79个，占总数的近1/3。随着北京怀柔综合性国家科学中心从规划到实现，相信不久的将来，区域国家实验室在数量和质量上都会有可观的提升，北京作为高科技集聚高地定然会继续保持科技创新优势。

为了吸引和留住人才，北京怀柔综合性国家科学中心一样十分重视城市基础建设。2020年12月2日，怀柔科学城城市客厅A地块项目举行开工仪式，标志着怀柔科学城首个综合性、国际化公共服务配套项目正式启动建设。城市客厅项目位于怀柔科学城起步区，由A、B、C三个地块组成，总用地面积29.45万平方米，总建筑面积约63万平方米，目标定位是国内外科学家的国际化公共服务中心、怀柔科学城的对外展示样板、科学研究与科技产业的活力中心，结合城市公园，将融合打造科技研发、科技服务、文化与商业配套、高端酒店与公寓、研究型学院等五大功能。项目预计2023年年初全部建成投用，为周边科研院所和创新主体提供国际化、高品质的配套服务。

二、上海张江综合性国家科学中心

上海张江综合性国家科学中心于2016年2月获发改委和科技部批准建设，由上海市主导，中国科学院和部属重点高校为主要参与方。上海将建设张江综合性国家科学中心作为建设具有全球影响力的科技创新中心的核心任务之一。其主要的大科学设施包括超强超短激光实验装置、X射线自由电子激光试验装置、活细胞结构与功能成像等线站工程、上海光源二期、量子通信等。主攻的关键技术或项目包括量子通信、太赫兹技术产品、活细胞成像平台、干细胞转化、胶囊机器人、物联网/先进传感器示范工程等。主要依托单位为复旦大学、上海交通大学、同济大学、中国科学院上海分院等。

上海张江综合性国家科学中心在张江科学城中，以张江科学城为设施基础。张江科学城与张江综合性国家科学中心的发展是相辅相成的。张江科学城经过阶段性规划建设正在步入发展的快车道，2020年1月至9月，各项经济数据实现逆势上扬。张江科学城固定资产投资额为463.86亿元，同比增长102.5%，其中工业投资290.91亿元，同比增长76.7%；规上企业工业产值为2109.02亿元，同比增长17.7%；实到外资21.78亿美元，同比增长14.75%。张江科学城的三大支柱产业加速发展，集成电路产业销售收入817.56亿元，同比增长39.9%；生物医药产业规模406.75亿元；信息软件业营业收入932.17亿元，同比增长15.3%，新增内资企业1064家。张江科学城的双创孵化体系建设也取得了可喜的成绩，目前拥有双创孵化载体95家，在孵企业2000余家，孵化领域涵盖人工智能、集成电路、生物医药三大产业，构建起了贯穿企业发展全生命周期的创新孵化链条。同时，张江科学城通过联合金融机构创新、参与建设长三角资本市场服务基地、加大财政扶持等举措，大力推动企业进入资本市场。截至目前，张江共有上市企业55家，其中主板上市18家，中小板上市2家，创业板上市4家，港交所上市9家，境外上市8家，科创板上市14家（科创板企业占上海的50%，占浦东的87%）。55家企业中生物医药类企业占42.8%，集成电路企业占50%。

张江综合性国家科学中心的规划建设主要体现在以下四个方面：第一，打造高度集聚的重大科技基础设施群。集中布局和规划建设国家重大科技基础设施，加快上海光源二期、软X射线自由电子激光、蛋白质科学设施、转化医学等大设施建设；积极争取新一批大设施落户上海，打造高度集聚的世界级大设施集群。第二，建设具有国际影响力的创新型和研究型大学，发挥上海科技大学的体制机制优势，建设高水平、国际化创新型大学，同时积极建设具有国际影响力的研究型大学。第三，汇聚培育全球顶尖科研机构和一流研究团队。依托大设施吸引海内外研究机构、高校来上海设立全球领先的用户实验装置、科学实验室，引入国际顶尖科学大师牵头承担多学科交叉前沿研究任务，形成高水平、国际化、跨领域的一流研究团队。第四，组织开展多学科交叉前沿研究。聚焦生命、环境、材料、能源、物质等科学领域，由国家科学中心在预研究基础上，发起设立多学科交叉前沿研究计划，推动实现重大原创性突破的重大科技基础设施群，2017 年 9 月 26 日张江综合性国家科学中心为打造国家实验室。张江国家实验室位于张江科学城核心区域内，以重大和大型科技基础设施建设为主线，实现重大基础科学突破和关键核心，建成跨学科、综合性、多功能的国家实验室。张江国家实验室初期将大科学装置、攻关重点方向、融合交叉创新相结合进行研究布局，开展光子大科学设施群及相关基础研究、生命科学和信息技术两大重点方向攻关研究、命科学与信息技术交叉方向——类脑智能研究。张江实验室实行管理委员会领导下的主任负责制，以中国科学院上海高等研究院作为承建法人主体，上海光源、国家蛋白质科学研究（上海）设施等一批国家重大科技基础设施全部划转至中国科学院上海高等研究院统一管理。2020 年 11 月 4 日，位于上海市浦东新区的我国首台国家重大科技基础设施——X 射线自由电子激光试验装置项目通过国家验收，它将与上海光源、国家蛋白质科学研究（上海）设施、上海超强超短激光装置等组成张江综合性国家科学中心大科学设施集群的核心，成为我国光子科学研究的国之重器。目前，全球建成的 X 射线自由电子激光装置仅有 8 台，其他 7 台分别位于德国（2 台）、美国、日本、韩国、意大利和瑞士。

张江综合性国家科学中心依托众多知名院校，同时还要通过自身的发展促进上海地区建设有国际影响力的创新型和研究型大学。斯坦福科学城的实例已经向世界展示了研究型大学对科技创新产业的影响，美国经济的几次转型升级都离不开研究型大学的贡献，但是究竟该如何界定研究型大学呢？研究型大学是指提供全面的学士学位计划，把研究放在首位的大学，致力于高层次的人才培养与科技研发，即在校研究生数量与本科生数量相当，或研究生数量占有较大比重。建设创新型和研究型大学必须重视高校研究院对区域产业发展的影响，加强相互之间的合作，实现科技创新在产业发展中所占比重的增长，通过产业升级转型逐步成为以科技创新为核心驱动的现代化高科技产业发展模式。

张江综合性国家科学中心组织开展多学科交叉前沿研究，通过搭建专门的交流平台实现产学研多方面多领域的技术分享、交流，营造良好的学术氛围，推动高精尖领域的思想碰撞，促进交叉学科的诞生和成长。2020 年 11 月 25 日，大科学装

置管理中心组织召开上海张江先进光源大科学装置集群用户研讨
4 期主题沙龙活动）。张江综合性国家科学中心办公室常务副主任管理中心第
指挥施尔畏，特邀用户代表、集群内科研人员代表、相关单位职能部门挥部总
科学装置管理中心人员等 50 余人出席了会议。会议旨在探讨如何发挥集中
源和实验平台集聚优势，为用户提供更高水平服务，提升装置科学效益。会议
邀请了中国科学院药物所许叶春研究员、上海科技大学江怀东教授、上海师范大
沈百飞研究员，他们来自不同的研究领域，对同步辐射光源、自由电子激光、超强
超短激光使用有一定经验和思考，分别作了题为"基于结构的药物分子设计""机
遇与挑战——当成像技术遇上光子大科学装置""强场激光装置需求与运行"的精
彩报告。与会代表还对一些问题展开了激烈的讨论，并在讨论中开展交叉融合。未
来，这样的讨论会还会继续开展。研讨会只是张江综合性国家科学中心组织开展多
学科交叉前沿研究的基本形式之一，它与张江所搭建的区域性、国际性的交流平台
共同构成高精尖学术交叉研讨交流的多层次、立体的交互环境，刺激学术讨论和交
叉融合，在一定程度上推动了科技创新。

三、合肥综合性国家科学中心

2017 年 1 月，合肥综合性国家科学中心建设方案通过国家发展改革委和科技
部联合批复，由安徽省政府牵头，并与中国科学院共同进行建设，这标志着安徽在
全国创新大格局中占据了重要地位，成为代表国家参与全球科技竞争与合作的重要
力量。2017 年 9 月 7 日，安徽省委省政府和中国科学院共同印发《合肥综合性国
家科学中心实施方案（2017—2020 年）》，明确提出合肥综合性国家科学中心建
设的总体要求，即坚持尖端引领、多方推动、协同创新、体制突破的原则，以国家
实验室为基石，依托世界一流重大科技基础设施集群，布局一批前沿交叉创新平台
和产业创新转化平台，建设若干"双一流"大学和学科，打造多类型、多层次的创
新体系，成为代表国家水平、体现国家意志、承载国家使命的国家创新平台。

从科技强国战略位置上来说，合肥综合性国家科学中心是国家创新体系的基础
平台，未来，其将依托本地科学城、高校聚集的科研设施和创新环境，规划建设大
科学装置集群，聚焦信息、能源、健康、环境等四大领域，吸引、集聚、整合全国
相关资源和优势力量，推进以科技创新为核心的全面创新，成为国家创新体系的基

础平台、科学研高点、经济发展的原动力、创新驱动发展先行区。从区域位置上来说合性国家科学中心是沿长江科学创新产业发展带上重要的节点，科学城、综合性国家科学中心的建设有一定示范作用，能够成为很好对长时，合肥位于我国中部，合肥综合性国家科学中心的发展对中部科技产发展也起着至关重要的作用。

合肥综合性国家科学中心主要的依托单位为中国科学技术大学、中国科学院合大科学中心等，主攻的关键技术或项目包括量子信息技术、质子治疗系统及其产业化、超导核聚变中心等，未来将着重建设世界一流重大科技基础设施集群，建设国家实验室，建设一批交叉前沿研究平台，建设一批产业创新转化平台，建设"双一流"大学和学科，以及建设滨湖科学城。

合肥综合性国家科学中心依托中国科学院等高校研究院，将会成为我国高精尖技术研究的重要区域代表，在建设初期着力打造高度集聚的大科学装置集群，实现我国特定高精尖大科学装置零的突破，紧跟甚至超越科技大国水平。目前，已有的大科学装置包括：中国聚变工程实验堆、全超导托卡马克核聚变实验装置、稳态强磁场实验装置、合肥先进光源、大气环境立体探测实验研究设施、强磁光综合实验装置。其中，中国聚变工程实验堆于 2017 年 12 月 5 日在合肥启动工程设计，并推出中国核聚变研究"分三步走"：第一阶段到 2021 年，开始立项建设；第二阶段到 2035 年，计划建成聚变工程实验堆，开始大规模科学实验；第三阶段到 2050 年，聚变工程实验堆实验成功，建设聚变商业示范堆，完成人类终极能源。2018 年 1 月 3 日，国家发改委宣布聚变堆主机关键系统综合研究设施在合肥集中建设，这是合肥综合性国家科学中心首个落地的国家大科学装置项目。中国聚变工程实验堆的实施，将推动中国走向世界核聚变领域的中央，并成为代表中国参与全球科技竞争与合作的重要力量，使中国跨入世界聚变能研究开发先进行列，对解决能源危机问题具有重要意义。全超导托卡马克核聚变实验装置，即"东方超环"，被誉为中国的"人造太阳"，是世界上第一个实现稳态高约束模式运行、持续时间达到百秒量级的托卡马克核聚变实验装置。稳态强磁场实验装置于 2017 年 9 月 27 日在合肥建成使用，使我国成为继美国、法国、荷兰、日本之后第五个拥有稳态强磁场的国家。合肥先进光源及先进光源集群，将是基于衍射极限储存环的第四代同

二，高水平的大学和研究机构可以促进这种效应的产生，政府可以鼓励大学与区域发展署合作来形成协同作用，以帮助培育以大学为中心的知识集群。

英国科学城战略旨在通过加强产业和科学基地之间的联系，将英国发展成为世界上最适合科学发展的地区。与早期科学城一致的是，科学城战略希望将科学、技术和知识作为城市发展的驱动力，注重城市创新环境的营造和高技术产业对城市发展的促进作用。不同的是发展路径，早期科学城多为全新建设的科技新城镇，或在科技园区基础上拓展发展的科学城；而英国科学城是在已有的城市基础上，通过城市发展转型策略的选择和战略的调整，形成以科学技术为发展引擎的城市。

英国科学城战略的立足点是，利用科学活动塑造城市特征，实现城市区域再生，并提高城市创新产出、生产力和增长率。在创新和生产力基础上的区域发展、创新系统的思路，以及对城市作为密集的创新活动发生场所的考虑，共同成为科学城发展的理论基础。

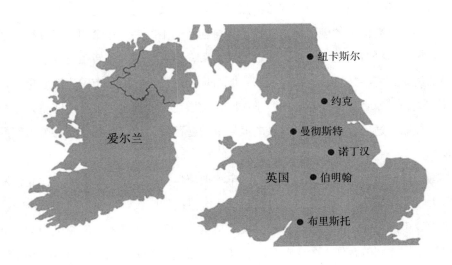

图 3　英国各科学城的位置示意图

英国选定这 6 个城市作为科学城策略实施主体的依据是：第一，城市具备强有力的科学基础，包括大学或高水平研究中心；第二，城市有潜力吸引创新型的商业活动，成为区域增长的有力推动者。这些科学城将依托城市的人才资源、强有力的研究基础、基础设施和支撑性的区域发展政策，致力于成为大量新想法和新发现转化成新产品和新服务的关键地点。

英国科学城计划的实施，主要是在国家指导性框架下，由地方政府主导的地方主体进行推进，涉及的工作包括成立管理联盟、地方发展基础评估、制定发展战略、协调利益相关者、吸引大规模投资、实施具体战略等。除布里斯托外的英国科学城，在制定地方发展规划时都首先考虑地方一流大学和前沿研究机构的优势，在此基础上明确了优先发展的科学技术创新产业。按照这种思路，先确定地方起支撑作用的科学产业，再进一步完善与之配套的创新生产活动、人才培养、高等教育、公众参与等一系列行动计划。可见英国科学城是以技术导向为主建设发展的，每个英国科学城都必须立足于大学—产业—政府这样一个互动结构。英国科学城尝试通过这种互动结构创造全新的、实体的或虚拟的"空间"对话形式，以便提供一个开放、广阔的平台，让不同群体都有对话的机会。

英国科学城的发展目标主要有五个方面：第一，促使英国大力发展科技产业，重回世界科技中心，提升英国在本国或世界范围内的声誉；第二，通过加大投入和创新发展消化外部的竞争压力，保持英国在优势科技领域的领先地位；第三，以全新的理念构建富有活力的创新环境，打造支撑创新的生态系统；第四，通过科技创新产业发掘地区经济新的增长点，促进地区繁荣；第五，通过创新生态环境和现代科学城的建设，将科技进步的成果应用到城市规划建设上，提升市民生活质量。在具体操作层面，或者具体到不同的科学城时，发展目标的制定往往有所调整，以与区域发展战略相适应，如置于科学城的框架下的曼彻斯特知识之都计划，就需要重新审视。

英国科学城主要的发展计划：第一，牢牢把握科技创新这一核心动力，充分发挥地区大学和研究机构的优势。通过政策引导等措施加强大学、研究机构、企业、投资机构等不同主体之间的联结，增强企业与企业、企业与高校（研究机构）、企业与投资机构之间的合作，逐步构建稳定牢固、充满活力的本地企业家网络。第二，注重人才培养和人才输送。通过加强特定科技领域中的教育培训保障科技产业的人才需要，制定针对年轻人的行动计划，鼓励人才参与科技创新活动。第三，注重打造以项目为核心的交流平台。通过科技创新实体项目，吸引国际一流科研人才、管理人才、顶尖企业等交流、合作、入驻。第四，全面宣传科学城，提升公民科学素养。通过社区小组和定期活动等多种方式，全面提升公众对科学城的认知，扩大科学城的影响力，激发公众对科学技术、科技产业、科技创新的兴趣。第五，注重科学城的品牌化建设。通过举办各项国际性会议和活动提高科学城的国际影响力，树立科学城的品牌形象，依托品牌效应吸引更多国际资源。

英国科学城的投资建设较晚，但是与早期更关注科学投资和规划属性的科学城相比，它更进了一步，打造了一个更广的概念，即"科学城行动是通过围绕预先确定的科学区域，协助建立基础设施和技术来促进和获得城市的繁荣"。英国科学城可以说是站在巨人的肩膀上看世界，也可以说是科技、工业发展到一定高度为了再攀高峰的必然选择，同时也涵盖产业发展过程中城市的发展、人的发展、文化的传承、环境的保护等诸多方面。英国科学城在发展中从更广泛的视角看待"科学城"这一概念，认识到在现有城市基础上发展的科学城虽然在很多方面与科学没有本质联系，但充满活力和创造力的部门和个人，他们将对城市创新环境的形成起到至关重要的作用。比如，伯明翰科学城在发展愿景中对"以科学为基础的发展"定义十分广泛，包括社会、医疗、自然、工程、设计和信息技术等，并把科学城看作利用科技为企业、创新和生活品质带来益处的催化剂。曼彻斯特科学城将知识之都和科学城战略相结合，识别出的重点发展领域不仅包含高技术部门，同时也包含了创意、媒体和可持续发展设计等。

英国科学城吸引创新科技资源的主要方式和途径是自身品牌化建设和输出。创新科技资源包括顶尖人才、科技金融资本、前沿技术等，这在全球范围内都是稀缺的，谁掌握了创新科技资源，谁就掌握了创新产业的经济增长点。创新科技产业是在经济全球化的趋势中发展起来的，创新科技资源在全球化的格局中保持着极强的流动性，会随时主动流向具有竞争优势的地区，带动特定地区特定产业迅速发展。同时，高技术产品的生产与服务所面对的一般都是最为广阔的全球市场，英国科学城基于这一特点，十分注重与国际创新科技资源和高科技产品市场的联结，特别强调科学城应该成为全球知识经济、信息技术的交流平台。为了建立这种联结，英国科学城一方面要培养自身的竞争优势吸引外部资源，发展优势产业，成为世界科技产业强国；另一方面就是要加强品牌化建设，通过品牌效应吸引人才、企业和资本等创新科技资源流入。英国科学城战略糅合了各类型区域发展战略，在以往建设科学城的经验基础上形成了科学城行动联盟，这一创新性的举措能够集中力量全力打造英国科学城品牌，并且快速组织调动各科学城的资源。英国政府方面选择专人负责各地科学城项目的统筹运作，使得分散在各个城市的科学城能够形成一致的对外窗口，这样英国科学城就成为一个巨大的品牌，有利于英国科技创新产业加强国际联系，并产生世界级的声誉。

英国科学城联盟的模式本质上是科学城内部多元主体之间相互作用、加强合作，联盟形式能够充分发挥政府—大学—产业结构的优势，促进多种创新主体之间充分地交流与合作；联盟还能够站在更高层面宏观掌握科学城的建设发展情况，进而为科技创业企业提供含金量较高、指导性较强的咨询建议。此外，联盟还能够集中调配或者快速聚集大量资金等资源，为科技成果转化提供强有力的支持。在英国科学城内部，通过长期稳定持续、规律化的合作、交流等形成了各式各样的网络，而这些网络又成为科学城内部开展正式和非正式交流的平台，帮助科学城通过定期或不定期举行各种学术交流、技术推广等活动，加强大学、研究机构、企业、公共部门等主体组织之间的互动。这种互动包括正式与非正式两种类型：正式的互动通过行业联盟、研发机构与企业间合作等形式来进行；非正式的互动则通过不同行业间的交流平台和以个体社会关系为依托的各种社交活动来建立。

此外，英国科学城非常强调科学创新"根植性"。这主要表现在英国科学城十分注重对本地文化的挖掘，强调城市的文化功能，而非单纯或侧重将科学城作为一个新兴产业发展模式来看待。英国科学城重视培育社会资本，也就是社会层面的建设。英国科学城的建设兼顾了社会网络发展、社会规范发展、社会信用体系等方面，考虑十分长远。英国科学城建设重视培育市民的创新精神，反复强调要激发大众对科学的兴趣、提升大众的科学素养等，这样做不仅有利于培养人才和形成崇尚科技创新的风气，而且能够优化创新环境，形成品牌效应。这一系列的"根植性"措施不仅有助于英国科学城因地制宜地构建自身特色，而且能够低成本地营造出浓厚的创新氛围，促进科技创新产业在当地的发展，还会形成持续性的创新动力，让英国科学城保持创新活力。可以说是功在当代，利在千秋。

第二节　美国斯坦福科学城

美国斯坦福科学城是美国第一个依托大学而创办的科学城，以美国加利福尼亚州斯坦福大学为中心，聚集了 1000 多家生产电脑、半导体的有关企业，为全球最大电子工业基地——硅谷的形成奠定了基础。

1891 年成立的斯坦福大学是一所坐落于美国加利福尼亚州斯坦福的私立研究型大学,是美洲大学协会的 14 个创始会员之一,因其学术声誉和创业氛围而获评为世界上最知名的高等学府之一。

现在的斯坦福是家喻户晓的世界名校,分校开到世界各地,令人心向神往,但早期的斯坦福大学并不受重视。第二次世界大战期间,美国联邦政府成立了美国科学研究与开发办公室,目的是授权美国研究型大学做军事相关的科研,被授权能够调用几乎无限的资源、资金。从 1941 年开始,短短三年半时间内,美国联邦政府将 60 多亿美元拨给了美国最好的研究型大学。其中,麻省理工获得约 15 亿美元经费用于雷达研究;加州理工获得约 11 亿美元用于火箭研究;哈佛大学获得大约 4 亿美元、哥伦比亚大学获得大约 4 亿美元,用于潜艇和反潜武器研究。当时的斯坦福大学虽然也在拨款的名单之中,但它仅仅获得了 600 万美元的经费,并且还不是用于研究,而是用于培训老师。可见此时斯坦福大学与美国一流大学科研实力的差距。

为了扭转研发落后的局面,振兴本地工业,1951 年,斯坦福成立了工业园。当时斯坦福工业园成立的核心目的是让斯坦福系统的科研成果,也就是那些实验室造出来的军事技术和武器系统的研发和生产能够靠近斯坦福校园。斯坦福工业园的成立,让斯坦福大学成为美国一些军事单位最喜欢的合作方,后来也在客户的需求驱动下造就了一个科研、投资和创业的生态系统,奠定了硅谷电子业的基础。斯坦福工业园是一个创举,它让斯坦福成为学术界第一个做客户拓展的创新典范,也为后来现代化科学城的建设提供了思路和方法。

有了军事合作,斯坦福顺势而为着手建设硅谷。最早的硅谷其实是一个军事谷。当时,为了建造潜射弹道导弹,硅谷在四年内雇用了两万人。斯坦福敏感地嗅到大量的人才需求,并抓住机会,在硅谷的另一头鼓励学生创业。当时斯坦福的督学局局长兼工程学院院长弗雷德里克·特曼全力支持校友与教职员的企业精神,希望能建立一个自给自足的本地工业,这也是现今硅谷的源流。他的勉励随惠普及瓦里安联合公司的创立而发挥功效,直到硅谷在斯坦福校园附近迅速成长。因此,弗雷德里克亦获称为“硅谷之父”。他曾鼓励威廉·肖克利回到自己的家乡帕罗奥图发展,后来威廉创立了肖克利晶体管实验室。20 年后,风险投资在硅谷涌现,大量养老基金和大学捐赠基金涌入风险投资领域，硅谷继续崛起。

20 世纪 70 年代，斯坦福成了美国 SLAC 国家加速器实验室所在地，及一个高等研究计划署网络（互联网雏形）的起源地。斯坦福大学同时也是美国最富有的教育机构之一，是美国第一所在一年内获得超过 10 亿美元捐款升幅的大学。至此，斯坦福已然成为大科学装置、网络资源、资金的联结点，并且持续为世界培养高精尖行业人才。

截至 2020 年 10 月，在斯坦福大学的校友、教授及研究人员中，共产生了 84 名诺贝尔奖得主、28 位图灵奖得主以及 8 位菲尔兹奖得主。斯坦福培养了不少著名人士，其校友涵盖 30 名富豪企业家及 17 名太空员，成为培养最多美国国会成员的院校之一。斯坦福校友在世界各地创办了众多著名的公司，如谷歌、雅虎、惠普、耐克、思科系统、昇阳电脑、台积电、英伟达、艺电等，这些企业的资金合计相等于全球第十大经济体系（截至 2011 年）。

斯坦福大学拥有丰富的学术资源，其研究机构由院系实验室、大学与工业合作的研究中心、政府设在大学的研究中心以及独立研究机构四种类型组成，四类研究机构总共包括 122 个研究单位和 25 个其他类别的研究机构。其他隶属斯坦福的研究机构包括：SLAC 国家加速器实验室（前身为斯坦福线性加速器中心）、斯坦福国际研究中心（原在大学校园内，现为独立机构）、胡佛研究所（公众政策研究的智库）及哈索·普拉特纳设计研究学院（与波茨坦大学的哈索·普拉特纳研究学院合作的一个跨学科设计学院）。斯坦福大学基金雄厚，经费充足，教学设备也极为充裕，设有 30 个图书馆，藏书 800 多万册，并且全电脑化管理。斯坦福大学图书馆与学术信息资源是全球最大及最多元化的学术图书库之一。校内设有 7000 多部电脑供学生使用，亦设有多个电脑室及电脑中心为学生提供服务，学生可利用网络与校内的师生联系。学校还有能容纳 85000 人的体育馆、高尔夫球场和游泳池等。

硅谷在区位上主要依托斯坦福大学和加州大学伯克利分校等具有雄厚科研力量的高校，结构上，硅谷以高新技术中小公司群为基础，同时拥有谷歌、惠普、Facebook、英特尔、苹果公司、思科、甲骨文、英伟达、特斯拉、雅虎等大公司，融科学、技术、生产为一体。

硅谷产业的突出特点使其取得了巨大的成功，并且至今仍保持领先地位。第一，硅谷从业人员中占较大比例的并不是基础服务人员或一般性的技术人员，而是具有高水平技能的科学家和工程师。高水平的科学家和工程师在传统工业、产业领域的需求占比并不大，但是创新科技产业的发展需要大量高水平甚至世界顶尖水平的科学家。硅谷的高技术从业人员密度在美国占第一位，高技术从业人员的平均年薪同样是美国首位，而且从业人员的人均 GDP 贡献值也排美国首位。硅谷的人口不到美国总人口的 1%，但是 GDP 却占美国总 GDP 的 5%。第二，硅谷的科技创新产业增长速度比传统工业快得多。在顶尖科技创新领域，硅谷长期保持着快速增长，不断缩短产品更新换代的周期，以适应不断变化的创新环境和市场。硅谷速度以科技创新为核心驱动，其成功根源于大量顶尖人才的聚集，他们创建了大量的一流科技公司，形成了创新科技产业集群效应。第三，高昂的研发费用总是在销售额中占据很高的比例。高新技术产业的发展需要大量的研发成本，硅谷的成功吸引了大量风险资本，风险资本助力硅谷进一步发展。第四，硅谷的产品面向世界市场。高新技术产品的竞争往往是全球性的，硅谷的高科技产品在全球市场中都具有技术等方面的优势。广阔的世界市场使得硅谷利润最大化。

硅谷拥有 100 万以上的高级人才和工程师，来自美国各大高校和世界各地的高科技人才集中在这里，近千名美国科学院院士在这里任职，其中有超过 30 位诺贝尔奖获得者。同时，硅谷也是美国信息技术人才的集中地，以及风险资本的集中地。人才、技术、信息、资金，汇聚在美国硅谷，让硅谷成为美国青年创业者心驰神往的圣地，以及世界各国高技术人才的竞技场和淘金场。硅谷有大量的中小型高科技公司，公司员工 80% 以上都是拥有高学历的专业科技人员，公司的经营机制一般都是科研、技术开发、生产营销三位一体。硅谷是面向世界的，来自世界各地的一流科技人员在这里交流学习，不同的母语和肤色，多元化的文化背景和生活习俗，差异化的专业领域和特长，在硅谷这样一个创新平台上互相切磋，随时随地迸发出创新的火花。如今，经历数十年的发展，硅谷仍然呈现出稳定的发展趋势，它仍是世界人才最集中的地区。

第三节　日本筑波科学城

20 世纪 60 年代，日本政府为实现"技术立国"的目标建立了日本第一科学城，即筑波科学城。筑波科学城是由政府主导而建的科学园区，采用了"中央政府投资，中央政府管理"的模式，由首相办公室下面设立"科学城推进本部"来管理。筑波科学城是全球人才、资金、技术的高度密集之地，汇集了日本全国 30% 的科研机构、40% 的科研人员、50% 的政府科研投入，以及 140 个国家的高端人才，被称为日本硅谷，是典型的以成为高水平的研究和教育基地为目的的世界级国家科研中心。筑波科学城发展的科技领域以生命科学创新和绿色环保科技创新为重点，建立起能够促进诞生更多新产业、新业态的新机制。筑波科学城内的高校、研究机构、企业、研究人员等在政府的指导下，形成了密切的合作关系网络。

筑波科学城的建设一开始就是为了大力发展日本的科技和教育，并且分担东京的城市压力，充分利用东京过剩的科技创新资源。在空间位置上筑波与东京相互呼应，交通十分便捷。筑波科学城坐落在日本东京东北的筑波山麓，占地 284 平方千米，人口 20 万左右，距离东京约 60 千米，到东京都中心乘电车（筑波特快电车）45 分钟、乘高速巴士也只需 60 分钟，距离新东京国际机场西北约 40 千米。

筑波科学城是由国家直接管理，日本首相直接负责的典范项目。筑波科学城于 1966 年开始收购土地，1968 年动工，在近乎空白的地上耗资 50 亿美元而建成。筑波科学城从规划、审批到选址和筹建的全过程，都呈现出了强烈的政府介入色彩。日本政府经过前后 5 次总体规划纲领的修订后开始有计划地在筑波建设相关的研究学园区及周边开发区。筑波科学城的各类研究机构和教育设施，以及其他产业和公司，均由政府规划引进。为推动筑波科学城建设，筑波科学城有着健全的立法保障和大量优惠政策。最突出的一点就是专门针对筑波科学城制定的法律，将筑波科学城规划、建设和管理等方面的内容，以法条的形式固定下来，同时还规定了中央政府、地方政府以及社会团体在高技术研发和产业化过程中的权利、义务。

筑波科学城发展，从 1963 年议会通过兴建筑波科学城的决议开始一直到现在，经历了 50 多年时间，大致可分为 4 个发展阶段。

第一阶段：1963 年至 1973 年，这 10 年是筑波科学城的初创阶段。在初创阶段，筑波科学城完成了项目确定，土地规划、立法、首个国家级无机材料研究所的设立，以及筑波大学的迁入。这为筑波科学城日后的发展提供了空间环境、政策支持、科学技术支持，也奠定了筑波科学城以科技创新为核心驱动的全新城市发展模式。

第二阶段：1973 年至 1989 年，这是筑波科学城的推进发展阶段，历经 16 年，逐步形成研究机构和知名大学的区域生态基底，全力构建科技创新型城市驱动内核。其中，到 1980 年 3 月，全国约 40 个国家级实验研究机构、国家级大学等的设施建设基本完成，并准备开始运作；1985 年的筑波世界博览会，使筑波科学城提升了国际知名度。

第三阶段：1989 年至 2010 年，这可以说是筑波科学城的再创阶段。这一阶段，筑波科学城已经处于发展的高级阶段，成为一座具有自身智慧的创新城市，开始反思自身的问题，为进一步的发展创造条件。1998 年，筑波科学城进行"科教区建设规划"和"周边郊区发展规划"的变更。2005 年，筑波快线开通，进一步拉近了筑波与东京的联系，为筑波科学城的发展提供了交通便利。

第四阶段：2011 年至今，这可以说是筑波科学城的国际战略综合特区建设阶段。2011 年，日本基于《新成长战略》启动了"国际战略综合特区"项目，这是日本在新的历史时期面向未来发展创新经济，实施制度与政策创新，实现"新成长"的主要推动机制之一。筑波国际战略综合特区就是这一项目的成果之一。筑波国际战略综合特区主要依托筑波科学城集聚的科学技术推进生命科学创新和绿色创新，近、中期目标包括 5 年内产学政合作创新项目从 5 个增加到 10 个，TIA 纳米技术产学政合作项目累计规模达到 1000 亿日元以上；下一代商用型癌症治疗装置的普及设施数从 0 个增加到 3 个；实际投入市场的生活型机器人种类从 0 种增加到 5 种以上。筑波国际战略综合特区旨在建设世界尖端技术研究机构及人才聚集地，推进开拓创新工作，由此筑波科学城又进入了一个新的发展阶段。

筑波科学城作为一座人才济济的现代创新型城市，在城市设计的诸多方面都体现出科技应用对于物质生产和人文生活的影响，开始注重将"城市"维度融入场所中。它不仅是科学研究聚集地，也是一座现代化、充满人文关怀、体现生态环保的宜居城市。

筑波科学城居住着许多外国研究人员和留学生，常年保持着 140 个国籍以上9000 名左右的外国人，已成为世界上屈指可数的卓越的人才聚集、活跃的多样化城市。为便于聚集国际人才，筑波市政府官网向外国人提供了英语、汉语、韩语、泰语、葡萄牙语、西班牙语、越南语、俄罗斯语、法语、他加禄语 10 种语言的电话咨询或面谈服务热线，为筑波市及附近市町村居住的外国人提供生活信息的介绍等。

筑波科学城有两大功能区：研究与教育区和周边开发区。从区域上做到产学研的紧密结合，构建科学技术与产业升级的良性生态环境。研究与教育区包括国家研究与教育机构区、城市中心区、住宅区等功能区。研究教育设施区约 1465 万平方米，占研究与教育区的 54%。此外还设有宇宙研究中心（拥有最先进的质子加速器）、工业试验研究中心（包括工业技术院的 9 个研究所）、农业科研实验中心、研究人类的灵长类试验站及高空气象台等。周边开发区主要设立私人研究机构，聚集民营研究机构和生产性企业。

筑波科学城的科研功能集中。日本政府把筑波定位为科学技术的中枢城市，围绕电子学、生物工程技术、纳米和半导体、机电一体化、新材料、信息工学、宇宙科学、环境科学、新能源、现代农业等优势领域，筑波科学城每年会产生大量具有国际先进水平的科技成果，成为新知识、新创造、新发明的诞生地，同时依托每年举办的国际科技博览会、成果展示会和科学技术周，向日本大企业集中展示和转移转化最前沿的科技成果，保持日本科技创新的领先地位。在这里孕育了数名诺贝尔奖获得者以及无数科学成果，近年来还在不断地飞跃。

筑波科学城在日本被评价为"舒适生活""安心育儿"的城市之一，这离不开计划性的城市配置。建设时筑波科学城就要求，与道路、社区、学校、住房等必要的公共设施建设有关的项目，应当同实验研究设施一并开发，同时要求通过保护自然环境和历史遗产，保持居民的健康和文明生活。科研院所、大学职工公房（7701套）和城市剩余公房代理住房（2829 套）在该地区建成，项目住房面积约占住宅区面积的 25%。这里的 146 个城市公园，用全长 48km 的步行者专用道路连接，既有美丽的景观又保证了居住者的安全。

第四节　俄罗斯新西伯利亚科学城

新西伯利亚科学城始建于 1957 年，是世界上第一个科学城，也是世界著名的高科技园区之一。它以优先发展基础科学综合研究为宗旨，运用跨学科方法解决全球生态、能源、技术等人类面临的迫切问题，发展至今，被确认是科学的发展模式，是世界上最大的综合科研基地之一。新西伯利亚科学城作为科学城的现实样板，启发了世界各地通过建城谋求产学研紧密结合，以科技创新推动区域发展。

新西伯利亚科学城建有 30 个包括自然科学、技术科学等在内的综合科研实体，20 多个国家科研机构，依托科学城建设有效带动了俄罗斯东部地区科技经济的跨越发展。普京多次称新西伯利亚科学城为全国"科学首都"，强调其各大院所的科研能力。新西伯利亚州科学和创新政策厅厅长阿列克谢·瓦西里耶夫说，新西伯利亚科学界拥有从事世界级科学研究的丰富经验和巨大潜力。

20 世纪 50 年代中期，为解决经济发展不平衡问题，西伯利亚科学事业的发展被提到新高度，且成为重大国民经济规划中的一项内容，并有了在此建科学城的决定，苏联科学院西伯利亚分院（今俄罗斯科学院西伯利亚分院）应运而生。随着西伯利亚分院的发展，当地科研机构网络日臻完善，形成了强大的智力支撑。据悉，西伯利亚分院下设多个科学中心，其中新西伯利亚科学中心为最大的一个科学中心。新西伯利亚科学中心亦称新西伯利亚科学城，在数学、物理、生物、化学等基础领域及能源综合利用、环境保护、核技术、生物技术和航天科技等应用领域的研究水平居国际领先地位，是全俄重要的科研中心之一，是世界著名的高科技园区之一。

经过数十年的发展，新西伯利亚科学城成为科学家们公认的学术交流与合作中心，经常举办全国乃至国际的大型学术会议。到 2006 年，新西伯利亚科学城就已经拥有 100 多个科研机构，20 余所高等院校，3 万多名研究人员，这里一度聚集了俄罗斯 50% 以上有实力的科学家，其中包括拉夫连季耶夫、坎托罗维奇、杜比宁等一批享誉世界的科学家，研究领域涉及信息技术、核物理、理论遗传学、太空计划等。外资进入势头也强劲，美国的英特尔和 IBM 公司、法国的斯伦贝谢公司都在这里设立了分公司。

新西伯利亚科学城科技园是俄罗斯目前最大的科技产业园，是唯一由俄罗斯总统签署命令成立的。在该技术园，仪器制造企业孵化器提供的集群优势，使得企业足不出户就可以获得研发新产品所需的配套服务，大大缩短了生产周期时间。例如，为仪器制造企业提供"综合购物中心"式的体验，从机械部件、芯片到 3D 打印的设备外壳，都可以在这里迅速找到对应的供应商。这里还为热衷参与科技创新的青少年提供必需的场地及 3D 打印机、机床等设备，帮助他们将创意变为现实。同时为了吸引各年龄阶段的人群，园区提供参观、竞赛、公开课等活动。而信息技术企业孵化器则为初创公司提供了极为优厚的条件，有潜力的初创项目可获得园区提供的资金、办公场所、技术设备等，每月仅需向园区支付 1000 卢布（约合 120 元人民币）的租金。

新西伯利亚医学科技园是俄罗斯第一个专门定位于医疗产品研发的全产业链园区，通过整合科研、生产、投资、教学和临床资源，实现产学研一体化，促进科技成果转化。新西伯利亚医学科技园目前的主要产品人工关节假体就是一个简单直观的例子。在新西伯利亚医学科技园里，假体的设计工作由工程中心完成，然后交由原型中心制造样品，接着送样至附属医院进行临床手术实验，再由附属医院将病人的使用情况反馈给工程中心和原型中心，合多方之力对假体设计进行优化和改进，最终定型后由工厂进行批量生产。在这一过程中，新西伯利亚医学科技园为样品生产企业提供资金和技术支持，为附属医院配备先进的诊疗设备，建立术后综合康复中心，开展人员培训课程，帮助企业吸引私人投资参与大规模商业化生产。

新西伯利亚科学城的科技创新也结合了当地主要产业，为地方和国家的产业升级和现代化做出了切实的努力，真正做到了科技发展与城市发展协同并进。农业是新西伯利亚州的支柱产业之一。近年来，得益于新技术的使用和科学管理，该州的农业生产率不断提高。1958 年，新西伯利亚州奥尔登斯基区的伊尔缅育种场成立，截至目前，其奶制品产量占全俄总产量的四分之一。通过持续 20 年的育种工作，农场培育出了自己的黑白花奶牛品种，产奶量逐年提高。日常管理方面，牛舍的通风、喷淋、排水及奶牛的清洗实现全自动化，挤奶由机器人完成。2016 年，该场平均每头奶牛产奶 11412 千克，仅次于以色列，位居世界第二位。

另外，由俄罗斯科学院西伯利亚分院细胞学和基因学研究所发起在新西伯利亚科学城建"基因技术"卓越中心（CGT）。项目初期任务包括建设世界水平的基因组研究实验大楼。该中心将促进人类、动植物和微生物基因学与基因组学基础问题的加速研究，有助于保证新西伯利亚州作为世界级科研、创新和高科技中心的进一步发展。早在宣传信息发布时，CGT 已聚集大量潜在客户，包括本地区及其他地区潜在客户，且已签署部分协议。

未来，新西伯利亚科学城将继续加强基础设施建设，出台优惠政策吸引企业投资入驻，广泛开展国际合作，不断改善创新创业环境。

新西伯利亚科学城在开发时非常重视生态和环境保护，因为只有让新西伯利亚市成为宜居之地，才更利于招才留才。

新西伯利亚市是俄罗斯的第三大城市，是新西伯利亚州的首府。截至 2017 年 1 月 1 日，常住人口为 160.29 万，面积为 502.7 平方千米，每 1 平方千米的人口密度为 3.2 万人。该地区优越的自然条件有利于城市发展。其位于森林草原和森林自然区的交界处，鄂毕水库和毗邻城市的小河湖构成了多样的休闲资源。它是一个中等温暖且湿度不足的农业气候子区域，年平均气温为 0.2℃。作为一个城市，其住房、医疗、教育配套完善，铁路、机场、公路、地铁等交通路网建设齐全，经济、文化繁荣发展，环境宜居，是世界上发展最快的城市之一。

第五节　德国慕尼黑科学城

德国慕尼黑科学城始创于 1984 年，是德国电子和微电子及机电等方面的研究开发中心，有"巴伐利亚硅谷"的美称，也是世界十大著名科学城之一。其主体由两所大学和马普研究所构成，拥有西门子等数百家电子工业公司，是德国最为突出的鼓励高科技创业发展的科技园区。

慕尼黑是德国巴伐利亚州首府，位于德国南部阿尔卑斯山北麓的伊萨尔河畔，是德国主要的经济、文化、科技和交通中心之一。

慕尼黑科学城以高科技跨国公司为核心，主要发展领域为高端制造、激光技术、纳米技术和生物技术等，是德国电子、微电子和机电方面的研究与开发中心。这里一度聚集着 600 多家公司生产电子元件和电子系统，为 2400 家公司提供产品，创造了大量工作岗位。西门子、宝马、安联保险公司等品牌总部都在慕尼黑，并且从未迁走。

慕尼黑科学城有着日渐成熟的中介服务体系，政府专门在此成立了管理招商中心，对园区企业提供全程服务。到 20 世纪末期，德国政府在 34 个工业部门设立了 96 个联合研究会，将研究成果在整个行业推广使用。

慕尼黑名校与机构为企业的前沿技术创新提供了保证。慕尼黑大学、慕尼黑理工大学、慕尼黑工业大学等都为慕尼黑科学城的发展提供了源源不断的科研成果和科技人才。这些学校的教学研究机构与科技工业园企业保持着密切的联系，帮助企业进行研发，推动科研成果的转化。迈克斯普朗克等离子研究所、辐射与环境研究会、航空航天研究所等，以及弗劳恩霍夫应用研究促进协会所属的十几个研究所和研究部，均为慕尼黑市所属。慕尼黑在科学研究领域处于领先地位，拥有不少诺贝尔奖得主。

除此之外，那些为企业培养专业技术人员的职业教育机构也是慕尼黑的一大特色。今天，大部分德国工程师在接受学术教育前会通过双元制培养以提升自己，即把企业的职业技能知识教育与职业学校的专业理论和普通文化知识教育相结合。双元制职业教育模式对德国一流的工程技术来说功不可没，从而实现"德国制造"闻名全球。

慕尼黑科学城管理部门一般定期发布新科研成果和项目，或者举办各种展览会以便企业交流选择。例如德国慕尼黑国际实验室、分析仪器及生物技术展在 2014 年就已经举办了 24 届展会。

慕尼黑科学城是德国新兴企业的孵化器。据统计，德国入园企业孵化平均成功率超过 90%。一般情况下，德国一个新的企业、新的领域开始时，首先是在这里进行试验，成功后则移植到其他地区，再创一个工业园区。如慕尼黑生态科技园（1.4 平方千米）、绿色食品科技园（1.4 平方千米）、信息产业科技园以及宝马汽车公司、西门子电器产业等，都与慕尼黑科学城区有密切关系。为了配合德国工业 4.0 高科技战略计划，作为德国颇具代表性的高科技产业孵化中心，慕尼黑科学城十分重视提升传统产业和扶持传统产业的发展，成为德国对当下新兴信息技术反应最快的"试验田"，这也是当地政府合理规划的一个体现。

慕尼黑是德国第二大金融中心，仅次于法兰克福，拥有裕宝联合银行、巴伐利亚洲银行；而在保险业领域，慕尼黑则胜过法兰克福，安联保险公司和慕尼黑再保险集团的总部都设在这里。

慕尼黑还是德国的博览会城市之一，每年举办 20 多场博览会，如国际建筑机械博览会、国际手工业博览会、国际体育用品博览会、电子计算机及电子元件专业博览会。

慕尼黑科学城在发展高新技术的同时又保留着原巴伐利亚王国都城的古朴风情，因此被人们称作"百万人的村庄"。它也是欧洲现代都市森林中的一方绿洲，连续多年蝉联"世界宜居城市"。当地居民过着"怡然阅读书籍，品尝清冽白啤"的慢生活。

　　慕尼黑三大产业发展均衡，研发资源丰富，又有政府政策的支持，拥有得天独厚的发展环境。为了避免破坏式发展、粗放式发展，慕尼黑科学城在发展过程中格外注重生态保护和文化传承。慕尼黑的世界顶级生活品质并不只是物质上的东西，而是对现代化发展与传统继承的平衡，最主要的是文化和精神在城市发展中的引领作用。从城市发展规划来看，和历史文化有关的必须保存。现代化的工业都集中在城市北面，如奥林匹亚村、宝马展厅、博物馆等。另外，慕尼黑划分出很多居住区，每个区都有名胜古迹区域和标示，告诉人们这里发生过什么。可以说，艺术文化提升民众的素质，让宜居城市变得更加高雅。

　　慕尼黑科学城的领导者认为，一座城市的美好不在于扩张版图，而在于提高质量，其有明确的三个目标：就业率、绿化率和更好的空气。慕尼黑科学城是德国南部的经济中心，在德国的 3 个百万以上人口城市中失业率最低，仅为 5.6%。2005年 2 月，《资本》杂志在展望 2002 年到 2011 年 60 个德国城市的经济前景时，慕尼黑被列在首位。慕尼黑科学城也很看重绿化环保，且早就主动开始能源转型了，着力应对气候变化，力图减少二氧化碳的排放量。尽管身为宝马的总部，但慕尼黑人出行基本上不开车。20 世纪 90 年代开始，慕尼黑市政府在郊区实施了"绿腰带项目"——在约 335 平方千米连接慕尼黑城区和相邻乡镇的地带，除了发展农业之外，保护动植物生活环境，建生态发展区和休闲文化区。可见，慕尼黑科学城的持续发展并非单纯地追求经济增长，而是将发展的理念延伸、拓展到环境层面。与此呼应的是，慕尼黑科学城的环保技术也位居世界一流！

　　在这里，古典慕尼黑的生活乐土与现代慕尼黑的科技创新，奇迹般地完美结合，这座啤酒之城如今已是当之无愧的全球明星城市。

第六节　瑞典西斯塔科学城

　　西斯塔科学城由斯德哥尔摩政府、爱立信等当地大型企业、斯德哥尔摩大学、皇家理工学院、能源和自动化技术集团以及其他机构联合组成，采用三角（产、官、学）螺旋模式来负责整个地区的产业、商业以及社区发展，走的是政府引导的自发内生式发展道路，注重高科技产业发展与地方的互动，被称为瑞典硅谷，主要创新产业为以通信为主导的 ICT 产业。

瑞典西斯塔科学城被公认为是仅次于美国硅谷的全球第二大高科技城区，因其在无线通信领域的突出优势而被称为"移动谷"。早在 1981 年，引领全球通信技术的爱立信就在这里建立了世界第一个商业化运营的 GSM 全球移动通信系统。在其带动下，许多全球知名跨国公司如 IBM、诺基亚、SUN、甲骨文、英特尔、摩托罗拉、康柏、微软等，先后在科技城设立了研发中心或生产基地，我国的华为和中兴通讯也分别于 2000 年和 2002 年在此设立了研发部门。2009 年在北欧商业化运营的第四代移动通信系统也来自这里的爱立信和华为实验室。

西斯塔科学城位于斯德哥尔摩中心区以北 15 千米，距斯德哥尔摩阿兰达机场仅 30 千米，交通方便，欧洲 4 号高速公路将它与斯德哥尔摩市紧紧相连。科技城自 1970 年开始规划，在 20 世纪 80 年代，西斯塔科学城围绕电子工业发展起三大领域，即生产制造、电子批发贸易和知识密集型服务。当时，为满足电子制造厂商对工程技术人员的需求，皇家理工学院在科技城设立了信息通讯学院。由于这里专业人才的快速流动和产业集聚效应，瑞典其他地区的电子企业也纷纷迁入。20 世纪 90 年代以来，西斯塔发展成为以无线通信为主导的全球信息通信产业集群区，近年来，科技城共有 4600 多家公司，65500 名科研和技术人员。其中，信息通信产业有 1100 多家公司，22000 员工，1100 名研发人员。此外，皇家理工学院信息通讯学院在这里有 6000 余名学生。

西斯塔科学城有着清晰的产业方向定位，明确以信息通信产业为发展方向，十分清楚自身最具竞争优势的是无线通信技术。为了最大限度地发挥自身优势，西斯塔科学城制定了许多优惠政策用来吸引和留存行业头部企业。1976 年，在西斯塔科学城建设的开始阶段，决策者就把当时著名的跨国公司爱立信和 IBM 吸引到科技城设立分支机构，借此吸引全球信息和通信领域公司到此集聚。爱立信全球总部设在园区中心，爱立信微电子、索尼爱立信公司，以及移动互联网、WCDMA 等数个技术展示中心和爱立信欧洲教育培训基地均设在科技城，建有 70 余幢办公楼。爱立信在全球通信领域技术领先。受其影响，许多国际信息通信领域的跨国公司为了近距离跟踪爱立信的新技术，纷纷将研发机构和实验部门设在科技城。通畅的信息交流渠道不断催生出众多高新技术公司。近些年，随着无线通信技术在各产业的广泛运用，许多融合现代信息通信技术的生命科学、清洁能源、多媒体应用等相关高科技产业也到此落脚，并逐渐形成规模。目前，西斯塔科学城将发展方向定位为以无线通信技术为主导的"TIME"产业，即电信（Telecom）、信息技术（Information Technology）、媒体技术（Media Technology）和娱乐（Entertainment）等多种新技术的结合，目的是扩大吸引高新技术企业的范围，并增强各高科技产业间的协同发展。

西斯塔科学城采取政府与公司协同管理的方式，着力打造宜居宜商的科学城。2001年，斯德哥尔摩政府、西斯塔当地企业、高等院校以及其他科研机构等联合成立了"西斯塔科学城公司"，负责整个地区的产业、商业及社区发展。商业化运营的"西斯塔科学城公司"专门负责科技城的推广与招商，政府、企业、研究机构和高校等参与方共同组成的科技城各领域顾问委员会多达十几个，共同打造产学研一体的高科技产业发展环境。这些委员会不仅积极进行产业引导，同时高度重视软硬环境发展。在发展产业的同时，还重着完善了居住、商业、娱乐等设施。政府专门开通斯德哥尔摩市区至科技城的城市轻轨专线。在办公设施附近专门规划餐饮店、咖啡店等服务设施，不仅提供了饮食服务，还成为科技人员交流信息的重要场所。尽管没有任何税收和土地优惠政策，但良性循环的产学研环境和宜居环境为科技城留住了人才，为其可持续健康发展提供了条件。

西斯塔科学城的孵化理念主要是投资入股。高科技与信息技术的快速迭代带来的市场空间催生出大量各类中小型高科技公司，这些公司的生存和发展需要投入大量资源，为了解决前期投入的问题，风险投资公司和孵化器公司应运而生。对于创新科技产业而言，风险投资是重要的资金来源，并且早已经发展成为一个重要产业。风险投资公司和孵化器公司一般由资金雄厚的国际财团创办，他们会通过一系列考察发掘有市场前景的技术，并向相应的企业提供充足的资金和办公场所等支持，通过这种方式助力科研成果产业化，一旦技术被推向市场，前期投资就有可能获得丰厚的回报。西斯塔科学城各顾问委员会携手科技城的诸多公司，为加强对中小型高科技公司的扶持，共同制定了一系列鼓励政策，形成了一套有效的、针对创业投资企业的创新激励机制。这套创新激励机制为中小型高科技初创企业提供了许多切实的优惠，有利于中小企业吸引人才、创新科研等。例如：第一，可以免费向研究人员及在读大学生提供研发基础设施的孵化器；第二，建立商业服务中心，有偿地为小企业及创业者解决办公场所和启动资金等问题；第三，针对初创企业常见问题建立各类专业顾问队伍，提供详尽的咨询服务，帮助初创企业少走弯路，尽快步入正轨；第四，推出"公司创造器"，为准备创业的人员提供专家支持、职业经理人协助；第五，组织经验丰富的商界人士开展面向创业人员的培训活动，帮助初创企业解决实际问题。目前，在西斯塔科学城，这些商业化专业服务都已经形成规模并步入产业化阶段，这从侧面说明了政府的创新激励机制是行之有效的，而且获得了成功。

西斯塔科学城自身的发展充分利用了国家产业发展的大环境。瑞典发达的信息技术产业尤其是通信产业的传统优势，是西斯塔科学城发展的重要推动力。瑞典虽然仅有900多万人口，但人均GDP高达4.4万美元，具有良好的经济基础和全球领先的科研能力。瑞典通信产业发达，是移动电话技术的主要发源地，在第一代、第二代、第三代通信技术方面拥有核心技术优势。早在2004年，瑞典移动电话渗透率就达100%，3G已经普遍应用。2009年12月14日开通了全球首个商业化运营的第四代宽带移动网络。瑞典的优势产业大环境，决定了科技城现在的产业定位。因此，紧密与国家整体产业发展相结合也是科技城成功的重要因素。

西斯塔科学城非常重视"目标人才"的培养，并且有针对性地开展人才培养工作，并形成了一套成熟的机制。例如，20世纪90年代成立的信息通讯学院就是由瑞典国内历史最悠久、规模最大的皇家理工学院和世界百强大学斯德哥尔摩大学共同投资建设的。该学院针对产业需求，为西斯塔科学城培养和输送了大量通信技术、电信、无线宽带等专业的实用性高技术人才。由于目标明确、针对性强，该学院培养出来的人才普遍符合企业需求，企业发展对人才提出的新要求也影响着学院的教学内容等，学院与企业之间形成了一套高效、实用、稳定的产业人才培养及供给机制。除人才培养外，学院与科学城之间还建立起了产学研合作关系，该学院在高新技术领域的研发成果能够参与到科技城的产业发展中。学院与企业之间关系密切，经常相互交流学习，大学的高级人才，如研究人员、博士生，能够到高技术企业任职，高技术企业中的技术人员也会到学校授课，讲解技术知识在创新、生产等方面的应用等。学生在读期间可以通过暑假实习的机会进入几乎任何一家西斯塔科学城的高技术企业，参与企业的技术开发工作等，实习期间表现优异者毕业后可以直接进入目标公司工作。

第七节　加拿大卡尔顿科学城

卡尔顿科学城位于渥太华西部，集中了近 400 所大学、科研机构及高新技术开发公司，主要从事半导体器件、计算机及网络、光纤通信、激光、生命科学和清洁技术、空间与军用技术等产业的开发，是加拿大的空间核心区，被称为"北硅谷"。

卡尔顿科学城的建设与发展依托渥太华所拥有的世界领先的研发机构和设施、丰富的高新科技人才资源、具有创新精神的企业家资源、完善的创新奖励机制以及充足的研发和风投资金。

渥太华是加拿大的航空航天研究中心，一度有 300 多家公司从事航天、国防与安全行业，180 多家公司直接从事安全技术和服务，70 多家公司从事生产、经营民用飞机和空间技术相关的商业活动。渥太华的航空航天、国防与安全相关企业，具备全方位的专业能力，能开发并向全世界出口创新产品和服务，包括 C4ISR（指挥、控制、通信、计算机、情报、监视和侦察）、信息通信安全技术和网络安全解决方案、航空航天和空间技术的组件和子系统、CBRNE（生化、放射性、核能和爆炸性）防护、个人防护、智能系统与自动机器人、系统集成、安全咨询与服务等。与之对应的是，在该领域雇佣 14000 多名高级专业人才。渥太华地区的 12 万高校生中至少有 2.13 万就读于 4 所大学和大专院校的科技专业。此外，渥太华拥有世界水平的研究中心和实验室，包括卡尔顿大学的计算机安全实验室、大卫佛罗里达航空航天实验室（DFL）、加拿大国防研究发展局（DRDC）、加拿大通信研究中心（CRC）、加拿大国家研究理事会。后三个公共研究机构是加拿大三大主要联邦研究机构，在加拿大的航空航天、国防与安全领域中起着战略性的作用。由此可见，航天航空、国防与安全领域科技的发展带来了高精尖技术人才的流入，自然也会催生或引入大量高新技术企业。渥太华的科技战略发展自然孕育着卡尔顿科学城的诞生。

渥太华的跨学科前沿技术发展助推商业孵化与创新。渥太华构建了一个强大的清洁技术生态系统，在智能电网、能源储存和能源管理等方面处在行业前沿。渥太华是加拿大清洁能源和技术领域中研究员、科学家和工程师最集中的城市，同时从事能源和温室气体改善研究的博士数量也是最多的，该地区的联邦政府实验室中有大量来自本地的世界一流研究人才。在渥太华，清洁技术和高科技设施同在一座城市，意味着高水平的跨学科合作、共同的商业孵化和创新。近年来，渥太华有240多家企业从事清洁技术行业，4600多名员工受雇于清洁技术公司，2000多名高校教师和专家在该行业任教；有6所清洁技术领域的政府和学术研究机构，9家相关行业协会；拥有国际热能公司、Energate公司、Triacta电力技术公司、Ensyn公司、Earth Innovations公司、普拉斯科能源集团有限公司、BluMetric公司等知名公司，领域涉及垃圾填埋、复杂环境问题解决等。技术的发展、产业的发展对企业提出了新的要求，商业孵化器让企业得以在相对安全的环境里成长，鼓励了大量新兴企业勇敢尝试，大胆创新，也避免了不必要的社会资源浪费。这在创新技术需要下形成的市场需要、企业发展需要高度体现了科学城产学研一体化发展，并且表现出以创新技术驱动城市发展策略的优越性。

渥太华还是世界一流的大健康产业研发基地。渥太华的生命科学产业由三个主要分产业组成，其中医疗领域是重点，包括医疗器械、医疗IT和生物医药研究。渥太华世界一流的研究机构对再生医学、肿瘤学、心脏病学等研究处于领先地位。1950年渥太华第一个心脏起搏器研制成功；2002年发现了心脏肌肉中的干细胞；2004年渥太华的QBM细胞科学公司让提供高品质低温保存的神经细胞成为现实；2010年渥太华大学心脏研究所研究发现了高速先进成像技术，可识别并预测病人心脏病发作和死亡的风险。据了解，渥太华在生命科学方面的主要研究机构包括：将研究人员、学生、政府部门、商业机构和非营利部门联合起来的加拿大中风行业合作网，为高校、产业、政府和非政府组织的干细胞研究提供资金的干细胞行业网，致力于改善儿童、青少年及其家庭成员们的健康的CHEO研究所，加拿大最大的和最重要的心血管医疗中心，致力于了解、预防、治疗心脏疾病的渥太华心脏研究所研究公司等。渥太华在医疗器械、电子医疗和医药领域，大型跨国企业和中小型企业比例良好。近年来，渥太华有140多家公司从事或间接从事生命科学产业，其中医疗IT领域有700多家IT公司，8500多名生命科学产业人才，其中超过50%的雇员就职于医疗器械公司；20多家致力于生命科学产业研究的公司、科研机构；20多家相关产业协会。

强大的科研环境支持渥太华的无线通信技术产业高速发展。渥太华在无线通信技术领域中不仅涵盖了电信、半导体技术和无线通信系统，并与光电子、光学和生命科学相结合，打造出一个全面发展的无线通信技术产业。渥太华在卫星通信领域占有绝对优势，而一些移动应用程序和中间设备生产商则处于领先地位。渥太华在无线与通信系统的产业链包括大型的跨国企业、充满活力中小企业。世界上最大的电信设备供应商如爱立信、华为、阿尔卡特朗讯、思科在渥太华均设有庞大的研发中心。此外，渥太华拥有健康的中小企业组织架构，而且得到研究机构、创业启动资金和孵化中心等一系列机构的支持。这些充满活力的企业正逐渐在世界舞台上占据一席之地。据统计，渥太华 2018 年就有 400 多家公司从事无线通信产业，3.5万多名员工在业内工作。支持渥太华无线通信生态系统的是一个强大的科研环境。加拿大 90% 的工业电信研发在渥太华开展，拥有 44 家联邦级实验室和 4 所高校教育机构，其中有 2300 名教师，2.1 万多名学生，每年总计获得超过 3 亿加元的研究补助金。

此外，渥太华良好的投资环境、城市服务、人文环境都是吸引人才、促成科学城可持续发展的重点。渥太华是北美地区第二大科学家和工程师集中地，同时也拥有加拿大学历最高、训练最有素的劳动力群体，这里很早就实现 61% 的劳动力拥有大专以上学历，风投资金一度从 32 亿元增长至 47 亿美元。另外，渥太华建设和维护绿色宜居城市的举措，增强了首都对高新科技企业和人才的吸引力。例如，注重人文环境建设，拥有国家美术馆、自然博物馆、历史博物馆、科技博物馆、战争博物馆等近 40 个博物馆。因此，在七国集团首都中，渥太华也以强健的经济发展与生活质量而首屈一指。

第八节　法国格勒诺布尔科学城

格勒诺布尔科学城被称为"欧洲的硅谷"，这里不仅是法国知名的大学城之一，而且还拥有世界上最大的纳米技术园区，近年来以高科技为城市发展重心，是法国高能物理和电子技术的研究中心和开发基地。

格勒诺布尔是法国东南部城市，伊泽尔省首府。它地处阿尔卑斯山区，位于富有经济活力的法国阿尔卑斯城市带走廊的中心、罗讷河支流伊泽尔河畔，有"水之城"的美誉。格勒诺布尔虽然处于山区，但却是法国最平坦的城市，城区里几乎没有起伏，因而深受自行车爱好者和残疾人的青睐，是阿尔卑斯山山区交通中心。

格勒诺布尔是一座名副其实的大学城，其高教实力在法国外省数一数二，这为科学城提供了大量的人才。格勒诺布尔是法国外省三个非大区首府级别的学区总部所在地之一，学区由法国教育部及高教和科研部管辖。格勒诺布尔大学集团是法国外省教学质量最高的大学集团之一，同时也是法国外省最大的大学城之一和法国外省学生最多的城市之一（有近 7 万人），其中包括众多从世界 180 个国家远道而来的外国留学生（约占学生总数的 15%），另外还有约 1 万名大学教师。此外，格勒诺布尔还在高教领域拥有诸多全法之最：全法学生占总人口比例最高的城市、全法人口平均年龄最低的城市及全法人口平均受教育程度最高的城市。在这里，60% 的人小于 40 岁。因此，格勒诺布尔青春洋溢、活力四射。格勒诺布尔大学的历史可以追溯至 1339 年，是欧洲历史最悠久的大学之一，有着深厚的文化底蕴。格勒诺布尔大学校园位于东郊的圣马丹代雷和格埃两镇，占地面积近 200 万平方米，是全法最大、大学最集中的大学城之一，市内大部分大学生都于此学习（约 5 万人）。

格勒诺布尔有着科技创新的优良传统，自古以来就是法国名城。当地政府高度重视并承诺全力服务科学中心建设，提供一切必要的政策和资金支持，营造更有利于与学术界合作的工业环境，推动多学科发展。同时，法国科研机构和高校合作非常紧密，除少量独立的科研园区，高达 85% 的研究单元与高等院校、其他科研机构共建，实现了高等教育与研究的深度融合。在跨机构协同创新方面，格勒诺布尔更是敢为人先，原创性地提出微纳米技术园区和先进新技术创新园园区建设理念并付诸实践，开创了机构层面的契约化协作创新，促进了高校与科研机构的研究人员、企业研发人员之间的集约化混编，营造了学科发展和机构协同的一流创新生态。

格勒诺布尔聚集了诺贝尔物理学奖获得者路易·奈尔等一批优秀的科学家。1971 年，路易·奈尔在格勒诺布尔市西北角创建了法德合作的国家强磁场研究中心，此后这里被称为"科学多边形"，并逐渐汇聚众多欧洲及世界闻名的科研机构和高新技术企业，共计有上万余名科研工作者和技术人员，最终成就"欧洲的硅谷"。法国物理学家、诺贝尔物理学奖获得者等优秀的科学家因第二次世界大战期间避难至此，成为日后格勒诺布尔发展成为欧洲科学中心的重要历史原因之一。目前，格勒诺布尔的研发型岗位占比 7.4%，位列法国首位。目前，格勒共有 62000 名学生，25000 名研究人员。据官方统计，格勒诺布尔每 5 个居民中就有 1 名学生。

在建设和发展格勒诺布尔科学城的过程中发挥核心支柱作用的两大部门分别是法国国家科学研究中心和法国原子能和替代能源委员会。法国国家科学研究中心不仅是法国最大的政府研究机构，同时也是欧洲最大的基础学科研究机构，它为世界科学的发展和进步做出了卓越的贡献，有世界科学技术发展"风向标"的美誉。该研究中心总部设在法国巴黎，但是直属行政办公室遍布世界多地，共有 33000 余名研究人员，共管理 1100 余家国内及国际研究单位，拥有约 33 亿欧元的年度经费预算。其主要方向是探索物质、宇宙、生命世界、人类社会的运作等。法国原子能和替代能源委员会，也称为法国原子能委员会，是一个独特的公共研究组织。该委员会设有 9 个研究中心，拥有博士和博士后学历的研究人员就超过 1400 名，经费预算达 50 亿欧元，运营的科学出版物超过 5000 份，投资组合中的同族专利超过 6000 项。自 2000 年以来，委员会创建的技术初创企业达 132 家，平均每年存放的专利超过 700 项。

格勒诺布尔科学城致力于打造成以产学研合作为基础的现代化科技城。格勒诺布尔科学城在研究、工业、高等教育之间发挥着显著的协同创新作用。法国国家科学研究中心和法国原子能和替代能源委员会为格勒诺布尔科学城建设高技术产业研发提供了必需的大型基础研究设施，格勒诺布尔当地的许多大学教授牵头参与了多数研究设施的建设和运行工作，在这个过程中格勒诺布尔的高等院校与产业化的研究机构之间建立了天然稳固的联系，进而与科学城的目标产业形成了天然的、紧密的合作关系。格勒诺布尔科学城的产学研一体化运行机制始于"契约化合作"模式。在战争状态下，科研经费和设备都非常紧缺，为了使产业界能够获得具有市场竞争力的产品和技术，让研究部门拥有更好的实验条件和充足的经费，法国开创了基础研究、应用研究、工业生产之间的"契约化合作"模式，也就是我们通常所说的"产学研"。同时，格勒诺布尔科学城是一座创新活力十足、宜学宜居宜商、开放包容的科技创新驱动的现代国际科技城，这里不仅有创新科技产业，还有生命健康平台、信息技术交流平台、开放式创新中心、能源交易平台、基础研究设施、大型科学仪器、科技管理技术、现代化住房等。

格勒诺布尔科学城依靠大科学装置集群实现科技创新发展。格勒诺布尔科学城中以核能科技创新研究和电子信息产业为主的研究和产业布局，经过近些年的发展已具备相当规模，跻身世界前列。法国国家科学研究中心、静电实验室、模拟潮汐的大型实验设备（全球首台）、回旋加速器（全法第二座）、极低温研究中心等大型基础科研设施的落成和成功启用，使格勒诺布尔科学城在基础研究方面的硬件条件得到迅速改善，为格勒诺布尔科学城提升知名度、聚集高层次人才创造了条件，奠定了坚实的基础。其中，国际性科学组织高通量中子源劳厄－朗之万研究所在格勒诺布尔的设立对科学城的发展具有划时代的意义，凭借这一硬件优势以及其他大型基础科研设施，格勒诺布尔吸引了来自全国及世界各地的一流科技人才，广泛开展跨学科研究。

格勒诺布尔科学城致力于打造创新生态圈智慧型城市。格勒诺布尔智慧城坚持为人民服务的宗旨，促进人才软性流动，以能源转型为中心，致力于整合教育、经济发展、日常生活、科学研究和创新科技生产等各个领域。智慧城市的转型，涉及多式联运枢纽、自然一体化、地热资源的利用、体育设施的整合、专业与初创企业之间的经济空间均衡。微纳米技术园区旨在瞄准世界卓越创新中心，形成涵盖欧洲范围的纳米科学综合研究集群，通过常态化的头脑风暴和学科互补，形成独具特色的创新生态圈，现已发展成为欧洲乃至全球微电子和纳米技术发展的风向标。2009 年格勒诺布尔科学半岛推出了宏大的先进新技术创新园计划。目前，该园区有 1.1 万名研究、工程和技术人员，1 万名学生，40 家企业，每年申报专利 700 余项，发表科技论文 7000 篇。除自我探索外，该园区在 2012 年率先并每年牵头组织"全球先进创新生态圈高层论坛"，目的是通过论坛宣传格勒先进新技术创新园创新生态圈发展理念，吸收和借鉴世界各大创新中心的优秀经验，搭建国际创新生态圈沟通平台，从而推动全球科技创新。格勒诺布尔搭建了从学术到企业创新，包括学者、产业集群、竞争集群、研究实验室、高科技平台、孵化器、投资在内的高效的创新生态圈系统。创新的成功纪录包括学术与研究、孵化与发展、创业公司的办公空间、资金、企业启动计划及活动等。

第九节　意大利蒂布尔蒂纳科学城

意大利蒂布尔蒂纳科学城位于罗马东北部，主要从事通信卫星及其地面站设备的研究与开发，产品全部供应国际市场，2000 年就为世界各国生产 62 颗通信卫星和 74 座地面站系统。该园区的佼佼者塞莱尼亚集团公司拥有 9 家大公司和 16 家工厂，是意大利电子工业的基础。

第十节　新加坡科学城

新加坡科学城于 1984 年建成，是亚洲国家中比较成熟和最先产生经济效益的高科技产业开发区，也是推动新加坡全球竞争力排名的重要因素之一。园区主要发展生物科技、微电子学、机器人等产业，集聚新加坡国立大学、南洋理工学院等高校，肯特岗数字实验室、分子与生物细胞研究所等研究机构，裕廊工业区等工业生活区，Sony 公司、埃克森化学公司、国际海洋技术公司等龙头企业。

20 世纪 80 年代，新加坡开始向资本、技术、知识密集型转型，规划开发特色工业园区。特色工业园区包括新加坡科学园 1 期和新加坡国际商务园，从 1984 年开发至现在，以微电子和芯片制造为主导产业，发展机械工具、自动化设备、航空等多样化的工程行业，同时充分利用国际合作来发展以货运为主的物流中枢，促进服务业发展并完善制造业。20 世纪 90 年代，规划开发了大士生物制药园和晶片工业园，迈向生命科学和生物医学科学的新产业。

2000 年以后，新加坡工业园区以"工作、学习、生活、休闲于一体"的活力社群概念为规划新纲要，打造宜人的工作、学习、生活、休闲的硬件环境，发展知识密集型产业，也就是我们所理解的现代科学城。其中，最具代表性的就是纬壹科学城。接下来，我们就以纬壹科学城为例了解新加坡科学城的基本情况。

纬壹科学城的建设旨在推动新加坡向知识型社会转型，践行政府提出的"21 世纪科技企业家计划"。纬壹科学城位于新加坡中心填海区，距离市中心 20 分钟车程，距离海港 15 分钟车程，距离机场 45 分钟车程，距离 CBD25 分钟车程，交通极为便利。纬壹科学城周边有荷兰村、科技园、新加坡国立大学、国大医院等。由新加坡知名企业裕廊集团负责总体开发，于 2001 年开始动工，总占地总面积 200 万平方米，计划总投资 150 亿新元。

目前，纬壹科学城内入驻了 400 多家领先企业和环球机构，有近 47000 名员工，还有 16 个公共研究机构、5 所企业大学或学院，以及超过 700 家起步公司。其中包括英国最大的制药公司葛兰素史克在亚洲的新总部和首个全球学习中心、宝洁公司的霸级创新中心、美国希捷专注开发移动储存设备的新设计中心，以及卢卡斯电影公司等。纬壹科学城低廉的租金对跨国企业来说非常具有吸引力，以生物科技为主的启奥城租用率超过80%，以资讯通信为主的启汇城和以起步公司为主的纬壹科学城起步谷，租用率甚至超过90%。

纬壹科学城低廉的租金吸引了大量的研发型企业，它成功的管理模式更是促进了科研设备更新换代、科学管理和共享服务的现代化，为企业的发展提供了广阔的平台，帮助地区实现产学研的有效结合，并且给科技工作者创造了方便舒适的生活、工作、交流和娱乐空间。

纬壹科学城社区化的结构方式为企业和个人的工作、生活、交流等创造了合宜的环境和空间，不仅更人性化，也更现代化、科学化。纬壹科学城在规划建设方面最大的特征是"融合"。融合突破了传统工业园区、高新技术产业园的设施框架，综合考虑了科学城中的人在工作、学习、生活、消费等各方面的需求，而且十分注重为人与人之间的交流创造机会和空间，增进交流互动。纬壹科学城面积不大，但是功能齐备，产业用地集约，这里不仅有研发区，也有公共服务、教育、公寓、商业等其他配套设施，俨然一个综合社区，甚至园区内的每一栋建筑都是一个社区。以启汇城为例，这栋20多层的高楼里既有研究机构、科技企业，又有居住公寓、科技孵化器、新加坡科技研究局、银行、餐饮、美容与休闲配套商业单位和政府服务部门，在大楼负层设有西餐厅和咖啡馆，还将开设地铁站。纬壹科学城的融合也体现在现代科技发展与环境保护之间、不同空间中企业的互动交互之间等。融合不仅是纬壹科学城的规划理念，也反映出现代科技产业和科学城建设的重要特质，这种理念与现实发展需要的契合不能不说是纬壹科学城取得成功的原因之一。

纬壹科学城构建了完善的产业生态。纬壹科学城的产业重点非常明确：生物医药、资讯媒介、信息科技。于是，这里聚集了全球顶尖的生物医药科研、资讯通信和起步公司等，还有国大医院和国立大学的高技术人员及学者辅助，成就了一个完善的生态系统。以主打生物医药的启奥城为例，这里集中了7个生命科学领域的研究院、重点实验室等，有2300多名研究人员，为生物医药科研人员和生物医药公司提供了一个资源共享、密切合作的科技平台，加快了从科研成果到临床试验以及进一步商业化的进程，形成了从上游研究到下游开发的发展链，加大了研究成果对产业发展的推动作用。纬壹科学城通过多种方式为企业发展培养各种类型的人才和管理者。为了吸引更多研究、实践和教学机构汇聚新加坡，新加坡经济发展局在纬壹科学城内建设新加坡领导网络与知识学院，在一个园区内汇集众多的商学院、企业大学和专业服务公司，以推动领导力与人才的培养。此举可加强园区内研究、管理和培训之间的联系，鼓励企业与学术机构携手应对经济挑战，加快全新最佳方案的实践与应用。这些服务公司加强了产学协作，促进学术转产业，提高了产业技术含量。同时，新加坡高等职业技术教育把教学和工厂紧密结合起来，让学生通过生产学到实际知识和技能，反过来这些学生又会快速成长为特定行业专业领域亟须的人才。由此可见，纬壹科学城的产业生态不仅包括企业生态环境，还扩展到了学术生态、人才生态，考虑到了科技产业发展的方方面面。

纬壹科学城的现实案例启发我们，一个伟大的科学城应当是目标明确、因地制宜的，也应当是注重服务、面向未来的。

新加坡不仅建设了像纬壹科学城这样世界闻名的科学城，而且成功地对外输出自己的科学城建设经验和管理模式，以此实现了"有限资源，无限创造"可持续发展模式。新加坡的国土面积仅707平方千米，国土面积客观上制约了科学城的发展和创造，对此，新加坡利用本国科学城的成功模式在各国投资开发工业园区，比如我国的苏州新加坡工业园区等。通过科学城模式的输出和复制，新加坡创造了总面积达12万平方千米的现代高新技术产业园，相当于再造171个新加坡。新加坡科学城以这样的方式突破了空间环境、地理条件的限制，使成功的科学城发展战略突破局限，持续发展。

第四章
国内外科学城的类型与共同特征

第一节　国内科学城的主要类型

我国科学城的建设始于 20 世纪 80 年代，目前主要分为三种类型：一是侧重基础研究，基于重大科学装置和国家实验室建设而成的综合性国家科学中心，这种科学城是真正意义上以推动原始创新为目的的科学城；二是由中央组织部和国务院国资委为深入贯彻落实建设创新型国家和中央引进海外高层次人才"千人计划"而建设的未来科学城；三是各地基于"科学技术园""高新技术园区"建设而成的科学城。

第二节　国外科学城的主要类型

由于世界各国经济、科技发展的水平不同，世界范围内的科学城建设的目标、功能和作用也存在一定的差异。目前世界上的科学城大致可以分为三种类型。

一、新建型的科学城

这种类型的科学城往往由政府主导，基于国家创新发展战略和区域发展需求新建而成的。该类科学城注重基础研究工作，以研究为先导，逐步与实际产业相结合，推动基础研究成果产生新技术和新工艺，促使产业革命性的变革，服务于国民经济。该种类型的典型代表有新西伯利亚科学城等。

二、园区核心型科学城

这种类型的科学城为在原有的科技园区或高新区内的核心区域建设而成。该类科学城建立在具有良好的创新环境和高新技术产业、企业的基础上，将研究、开发与生产联系起来，是新兴产业的指令中心，最大的特点是将科研直接与实际产业相结合，即科研与企业一体化。该种类型的典型代表有瑞典西斯塔科学城、慕尼黑科学城等。

三、转化型科学城

这种类型的科学城是指为了促进新兴产业的发展，通过引进重大科学装置、重大研究创新平台，或是通过多种优惠政策与便利条件，引进高校、科研院所，吸引高科技人才，推动传统的产业园区向科技城转化。这类科学城的最大特点是通过重大科学装置、创新平台、科研院所的引进，在引进大型科研院所、重大创新载体和人才的基础上着力推动新技术的研究和开发，实现向科学城发展的转化。该种类型的典型代表有新加坡科学城等。

第三节　国内外科学城的共同特征

基于对国外和我国科学城建设的成功案例进行研究和分析发现，国内外科学城具有以下共同特征。

一、创新条件

时代发展的需要和国家综合国力的强盛是建设科学城的先决条件，世界上第一批科学城的建设背景源于第二次世界大战时期各国对核技术研发的需求，同时发达国家的综合国力可以满足大科学装置的建设，才会在欧美发达国家诞生一批战后科学城。战争结束，迎来了经济高速发展的新时期。日韩等国随着综合国力增强，也开始借鉴欧美发达国家通过建设科学城推动基础科学研究的经验，建设了新一代科学城，既可以提升国家影响力，又可以带动产业发展和经济发展。如今我国的综合国力增强，国家加大对基础科学研究的投入，也为建设科学城提供了必要的先决条件。

二、创新主体

国际化高端人才汇聚有利于学术交流和思想碰撞，形成良好的国际化开放环境和浓厚的创新文化，使科学城成为科学精神和科学传统的传承和发扬高地。

科学城注重"政、产、学、研、企、人"不同创新主体的建设于一身。综观世界各大科学城建设的成功经验，其中比较显著的特点之一是均依托政府发起建设，但在建设过程中充分发挥科技创新产业、高校、科研院所、企业和人才队伍建设的作用，推动几者之间有机结合和互动发展。如瑞典西斯塔科学城由斯德哥尔摩政府、爱立信等当地大型企业、斯德哥尔摩大学和皇家理工学院等高校、能源和自动化技术集团以及其他机构联合推动园区建设，形成了政府引导的自发内生式发展模式，有效推动园区 ICT 产业发展；新加坡科学城由新加坡政府发起建设，科学城内建有新加坡国立大学、国立医学院、南洋理工学院、新加坡理工大学等全球知名高校，同时集聚了众多研发公司、研发中心和研究机构，如肯特岗数字实验室、分子与生物细胞研究所、微电子研究所、高级计算研究所、生物技术中心、无线通信中心、国家科学技术委员会、国家计算机委员会等，科学城内还入驻有 Sony 公司、埃克森化学公司、硅片素描公司、透明技术公司、英国石油公司、国际海洋技术公司等龙头企业，在"政、产、学、研、企、人"等多方的发展和促进下，新加坡科学城发展成为世界上最负盛名的科学工业园区之一和东南亚地区最适宜从事研究与开发的理想之地，也是新加坡全球竞争力排名（1999）提升为世界第一的重要因素之一。

三、创新资源

强大的基础研究和顶尖科学装置增强科学城的科研实力，不断产生重大科学发现和颠覆性技术。综观国内外科学城建设情况发现，科学城的建设均以强大的基础研究和基础科学装置为重要的发展基石，保证基础性、系统性、前沿性技术研究持续推进，强化自主创新成果的源头供给。日本筑波科学城在 20 世纪 90 年代就建有众多全日本独一无二的现代化仪器设备，如在建筑研究所拥有实验场可以建成或模拟地震粉碎一幢八层楼的楼房，环境研究所拥有大型激光雷达，日本电子技术实验室拥有微型结构清洗室和同步光源，全国的无机物质研究所拥有具有分辨率为 2 埃的电子显微镜，全国的金属研究所拥有 175000 高斯的超导磁体，化学研究所拥有超导分光仪。合肥综合性国家科学中心在基础研究方面，2013 年基于高温超导和 2015 年基于量子研究先后两次获得基础研究最高奖项的国家自然科学一等奖，该奖项在过去 16 年中有多达 9 年空缺，其含金量极高，目前广东省及武汉、成都、西安均未获得。在重大科学装置方面，合肥综合性国家科学中心是国家重点布局的重大科学装置集群区，拥有全国第一个国家实验室、国家同步辐射实验室和微尺度国家实验室，建有同步辐射、全超导托卡马克和稳态强磁场三个大科学装置，其中同步辐射装置是国内唯一以真空紫外和软 X 射线为主的同步辐射光源；全超导托卡马克是国际首个、国内唯一的全超导托卡马克装置，是国际热核聚变实验堆稳态物理最重要的前期实验平台；稳态强磁场装置是国内唯一指标参数达到国际先进水平的强磁场实验装置。在基础科研成果方面，合肥在量子信息领域的科研成果引领全球，"墨子号"量子卫星的升空、京沪量子通信网络的建成交付、世界上第一台超越早期经典计算机的光量子计算机的研制等都是由合肥科学城内的大学和企业主导的。

建立初期，政府作为主导力量推动科学城的建设。国外科学城的建设与发展大多依靠政府力量。一方面，由于科学城的建设大多属于国家层面的科研战略，需要国家政府协调多个部门；另一方面，建设科学城往往需要大量的资金支持，除了用于重大科学设施的建设，还要花费资金完善基础设施，科研机构和企业一般无力承担高额的建设费用。所以，科学城在建设初期，一般由政府作为主导建设力量，保障科学城顺利建设。

四、创新机制

科学城具有多元化的资本投入、完善的科技服务体系、协同融合的产学研体系，构成要素顺畅流通的创新创业生态，能够实现科技创新成果的快速孵化。

世界知名科学城均依靠源头创新带动，形成了"源头创新—技术开发—成果转化—创新创业—新兴产业"等全链条产业创新体系，助推产业创新加速发展。如新西伯利亚科学城在创建之初，坚持将数学、物理、化学等所有基础科学研究进行布局，为后期开展跨学科综合性研究奠定了基础。同时为了推动基础研究有效转化为生产力，新西伯利亚科学城积极推进技术开发和科技成果转化，针对一些重大科技问题，建立受西伯利亚分院和俄罗斯联邦有关部门或主管部门双重领导的科技实验室，必要时还建立为期 5 年的临时实验室，并在这些研究机构下设专门设计局、实验企业或生产部门，对科研成果进行小批量生产，推动新兴产业发展。瑞典西斯塔科学城依托微波技术研究所、瑞典系统科学研究所、瑞典计算机科学研究所等研究机构开展源头基础研究创新，带动了爱立信的研发部门开展产业技术开发和成果转化，并有效带动建设形成了完善的投融资体系，成立了世界一流的孵化基地"斯德哥尔摩创新和成长公司"，随后建立了投资商网络、瑞典政府注资的投资基金、猎头公司、企业加速器，确保"三螺旋"生态系统高效运转。2016 年，斯德哥尔摩创业生态系统吸引的投资额累计达 14 亿美元，占北欧国家总投资额的 54%。

五、创新环境

一流科学城呈现科技回归都市的特征趋势，科技发展由园区向创新型城区、社区转变，创新空间具有复合型、便利化、低成本的特点。

通过对科学城建设历程的研究，可以发现科学城本身也在不断地演进，老一代科学城在不断完善自身功能，新一代科学城在建设初期就注重功能布局。早期建设的科学城主要从事核技术科学研发，园区内部功能单一，配套设施简陋。随着和平年代的来临，早期建设的"战后科学城"逐步转型，在核心科研地区周边配套了企业、科研机构、行政办公机构、居住区、大学等综合城市服务设施。新一批现代科学城在建设初期就考虑到功能配备的完善，除了科研功能，还注重科研成果的产业转化和对地区经济的拉动。科学城的功能随着时代推进而发生转变，大科学装置、顶级科研机构、优质大学、龙头企业的组合模式，让科学城更好地发挥出科技的力量。

经过多年发展，世界各大科学城的发展趋势均以人的智力资源为核心，依托良好自然条件和建设完备的基础设施、投资环境、生活服务，形成一个教育、科研、生活、生产和贸易相结合的新型城市综合体，从而发挥知识密集、技术密集、资金密集、人才密集和信息密集等效应，吸引国内外的大院、大所、大企业和高技术人才进入园区。如日本筑波科技城是全球公认的建设较早、功能布局合理、建设成熟的科学城，发展至今已经成为具有独立城市功能和完善设施的"新城"。科学城内包括国家研究与教育机构区、都市商务区、住宅区、公园等功能区，在满足基本生活需求的同时，最大限度地考虑科学城内各类人才在创新创业过程中多样性的需求。北京怀柔综合性国家科学中心按照"一核四区"进行空间功能布局，其中两区就是综合服务配套区和生态保障区，园区积极构建高水平科技服务体系，发展研发设计、科技金融、知识产权、检验检测、技术交易等产业，提供生活配套、教育服务、医疗服务、商业服务等保障，建设完善的创新创业综合配套和生态环境。

第五章
广东省科学城建设现状

第一节　广东省代表性科学城

自 1998 年广州科学城正式奠基启动以来，广东省加快脚步建立了一批有代表性的科学城。

表 5　广东省代表性科学城的基本情况

名称	建设重点
广州科学城（1998 年 12 月）	广州科学城建设以高新技术产业的研究开发、生产制造为主，鼓励发展微电子、计算机、现代通信、机电一体化、光电技术、空间技术、生物技术产业，同时建设与其配套的信息、仓储、金融、商住、体育、娱乐及环保设施
惠州潼湖科学城（2017 年 12 月）	潼湖科学城定位为世界级数字化创新产业高地，规划打造"超级云店端"新型产业生态，形成以六大全球性产业创新平台为基础、行业云软件服务业为支撑、人工智能和智能终端等前沿产业为亮点的高科技服务产业集群
深圳光明科学城（2019 年 1 月）	光明科学城集中布局一批生命科学、信息科学、材料科学等前沿领域的大科学装置群，加快集聚国内外顶尖创新资源，全力打造粤港澳大湾区的创新主引擎
广州南沙科学城（2019 年 5 月）	南沙科学城以明珠科学园为核心，重点布局信息、生命、海洋等重点前沿科学领域，将推动中国科学院在穗研究机构和创新资源集聚发展，为重大科技基础设施和重大创新平台建设、重大科研任务和项目落地提供物理承载空间，积极打造吸引国内外高端创新资源集聚的开放平台

（续表）

名称	建设重点
中山翠亨科学城（2019 年 12 月）	翠亨科学城发展规划于 2019 年 12 月 4 日通过专家评审，致力于建成湾区国际化、现代化、创新型城市新中心
东莞中子科学城	中子科学城以散裂中子源大科学装置作为依托，充分发挥一期三台谱仪在材料科学、生命科学、凝聚态物理和化学等领域的作用，致力于为广大用户提供国际先进的研究平台
珠海横琴科学城	横琴科学城项目拟建设成现代绿色综合产业园区，致力成为"国内领先的创新型特色园区""国际一流的都市型科技园区"，以"产城融合"为发展理念，集合人工智能、大数据、云计算、生命医药四大产业板块，打造"四城四翼两带"的现代复合科学城

第二节　广州科学城的建设情况

广州科学城是广东极具代表性的科学城。它是广州市黄埔区的一个现代化科学园区，位于白云山生态保护区边缘，规划面积 22.74 平方千米，起步区 3.7 平方千米。它是广州市东部发展战略的中心区域，广州市发展高新技术产业的示范基地。科学城的功能分区明确，分为 6 大区域，即中心区、高尚住宅区、微电子信息产业区、生物技术产业区、新能源新材料产业区、市政设施及其他产业区。广州科学城的特色在于以科学技术的开发应用为动力，以高科技制造业为主导，配套发展高科技第三产业。广州科学城的发展历程，可分为区域形成阶段、区域发展阶段、向产城融合发展阶段。

区域形成阶段：1998 年科学城奠基，最早总规划面积为 37.47 平方千米，起步区 3.7 平方千米，属于广州高新技术开发区园区之一。2001 年科学城正式启动建设，迅速吸引了一批高新技术企业入驻，例如光宝科技、南方高科等，初步形成了高科技产业的集聚。在产业集聚初期，科学城的城市服务功能发展相对滞后，其配套服务主要依托广州中心城区，处于产业主导、产城分离的阶段。

区域发展阶段：2008 年起，随着科学城内创新大厦、创意大厦的竣工，区域内的配套服务设施逐渐完善。2009 年广东软件园的竣工反映出科学城产业结构的升级和高新技术产业的飞速发展。在这一时期，万科新里程等楼盘的开盘以及宝能国际体育演艺中心、广州国际羽毛培训中心等重要公共服务设施的落成以及萝岗行政中心的建设标志着科学城片区的发展由最早的产业主导迈向了创新突破乃至产城融合的阶段。

产城融合发展阶段：2014 年，原黄埔区、萝岗区合并成立新的黄埔区。新黄埔区的成立，将会对全区的空间资源进行整合，塑造新黄埔空间结构。新黄埔区所处的黄埔段是"一江三带"的重要枢纽，位于广州东进战略轴线和南拓战略轴线的交汇处，承担着广州创新产业发展的职能，在建设国家创新中心、带动区域协同发展、服务广州科技创新发展中发挥重要的支撑作用。广州科学城片区位于新黄埔区中部，是未来新黄埔区发展的核心腹地、广州国际科技创新枢纽的重要组成部分。黄埔区行政区划的调整与空间结构的重塑对科学城片区在引领区域发展、产业转型升级、经济发展模式等方面提出了新的要求。

第六章
广东省省内外相关政策分析

科学城是以创新为核心驱动的，政策是打造创新环境的重要保证。科学城的创新生态、创新网络、创新环境都离不开政策的支持。研究政策能更好地把脉科学城的定位、发展目标等，对比省内外政策亮点，可以取长补短，也能根据自身特点出台独具特色、符合实际的优惠政策，让政策在打造创新生态方面真正发挥出作用来。

第一节 广东省省内相关政策

广东省针对主要的科学城，即广州科学城、深圳光明科学城、东莞中子科学城等都有针对性的政策，在研究这些政策的时候，应当结合每个科学城的定位、功能、产业特色等综合理解，感受政策与科学城发展之间的联系。

一、广州科学城政策亮点

一是促进科技创新。2019 年 7 月，广州市印发《关于进一步加快促进科技创新的政策措施》（全文见附录 1），制定相关措施：构建高水平科技创新载体。以粤港澳大湾区国际科技创新中心建设为契机，联动推进"广州 - 深圳 - 香港 - 澳门"科技创新走廊建设，打造中新广州知识城、广州科学城、南沙科学城、琶洲人工智能与数字经济试验区（含广州大学城）"三城一区"创新核。支持国际一流创新平台建设，搭建"科学家、工程师、企业家"对接平台和科技信息共享平台，共同开展基础研究和关键核心技术攻关。

二是广州成立了科技成果产业化引导基金，出台《广州市科技成果产业化引导基金管理办法》（见附录 2）。该政策旨在充分发挥财政投入的 50 亿元市科技成果产业化引导基金作用，引导更多社会资本投入科技创新，推动科技创新企业利用多层次资本市场发展壮大。在《广州市科技成果产业化引导基金管理办法》中明确写道："引导基金发起设立的子基金须重点投向我市重大科技成果产业化项目、战略性新兴产业等新兴科技产业领域，主要投向处于种子期、起步期、成长期的科技型中小微企业。"在"投资比例"章节，该办法针对科技成果转化、孵化器与创新创业企业发展、天使投资、引导基金等具体内容作出具体规定，全面保障青年创业者的权益。

三是支持港澳青年创新创业。黄埔区、广州开发区印发了《广州市黄埔区、广州开发区支持港澳青年创新创业实施办法》（见附录 3），从创业启动、创新激励、平台建设、金融支持、办公补贴、实习就业、合作交流、生活保障等方面送出一系列大礼包，着力打通港澳青年在内地创新创业的难点、堵点问题，全面支持港澳青年来黄埔施展才华、追梦圆。以实习就业为例，该办法规定"每年遴选不少于 300 个政府机关或企事业单位实习岗位，向港澳高校学生提供不超过 6 个月的实习机会，给予每人每月 3000 元实习补贴，并安排免费住宿。对毕业 5 年内与本区企业或机构签订 2 年以上劳动合同且实际工作满 1 年的港澳青年博士、硕士、本科、大专（含副学士）毕业生，分别给予 5 万元、3 万元、2 万元、1 万元一次性资助"。

四是加强科技人才住房保障。广州力争 3 年内面向全市新增 3 万套人才公寓和公共租赁住房，优先供给重点产业、重点企业中的人才使用。按照职住平衡、就近建设、定向供应的原则，广州还鼓励各区以及用人单位等多主体供给，通过新增筹建、园区配建、城市更新等方式，在高校、科研机构、高新技术产业开发区等人才密集区建设人才住房。

二、深圳光明科学城政策亮点

一是营造全市最优的产业可持续发展环境。从发挥新区产业空间优势、加强产业载体建设、加大工业用地供给、打造创新高地、强化企业创新主体地位角度出发，提出了瞄准新区产业薄弱环节精准招商、打造全市最简工业项目"落地路线图"、新增整备用地工业用地比例不低于 20%、支持企业开展关键技术攻关等 24 条措施。

二是营造更优的人才发展环境。从招才引智、住房保障、亲商氛围出发，提出了制定创新人才引进办法、编制创新人才需求目录、对引进产业高端人才及团队的机构给予最高 50 万元奖励、对顶尖团队给予 5000 万元资助、增加人才住房建设规模、完善人才住房分配政策、建立企业家荣誉制度、加大对优秀企业家宣传报道等 13 条措施。

三是营造一流宜居宜业环境。主要从补齐新区交通、商业配套、教育医疗、园区配套等短板，发挥新区生态环境优势的角度出发，通过优化新区交通规划布局、将光明城站打造为深圳北部重要综合交通枢纽、推动新建快速路、加快打造核心商圈、实施"一街道一特色街区计划"、建设高端品牌学校等 33 条措施，打造一流宜居宜业环境。

四是营造更加高效的政务服务环境。主要从提高政务服务效率、优化企业服务机制、创新维权执法模式角度出发，提出了加快新区政府职能转变、继续深化"放管服"、进一步推动行政审批标准化、设置专门直通车窗口、推动投资项目全流程服务"单一窗口"等 21 条措施。

五是营造全市综合成本最低经营环境。主要从降低企业营运成本、创新科技金融服务、缓解企业融资难等问题角度出发，提出了规范企业经营服务性收费、对企业研发投入予以最高 500 万元直接补贴、着重加大对孵化器和加速器的支持力度、完善科技金融服务体系、创新信贷机制、扩大政府引导基金规模、鼓励天使投资、发展科技保险、打造新区科技金融服务平台等 14 条措施。

六是保障措施。提出了强化组织领导，狠抓工作落实、建立督查考核机制，加大政策宣传解读力度的工作思路，通过建立新区优化营商环境工作领导小组的方式加强工作协调，制定营商环境考核指标评价体系方式加强督查考核，确保工作取得实效，同时要求制定优化营商环境宣传工作方案，加强政策宣传解读，创造良好舆论氛围。

三、东莞中子科学城政策亮点

加强规划做好顶层设计。东莞中子科学城以建设成为综合性国家科学中心的核心载体和示范区域为目标，推进《东莞中子科学城综合规划（2018—2035 年）》编制。该规划指出，要构建适宜创新、吸引全球顶尖人才栖居的高品质城区。要建设高水平综合交通，促进创新要素的高效互动；要提供多类型、高品质的公共服务，打造共享包容的生活家园。同时，要完善规划体系，制定配套政策法规和技术规范，创新体制机制，如土地改革创新住房制度、创新土地利用机制等，强化政策保障，做好与周边区域规划衔接，促进协调发展，加强组织领导，保障规划有序有效实施，确保一张蓝图干到底。

第二节　广东省省外相关政策

一、北京怀柔科学城主要政策

为加快推进怀柔科学城建设发展，国家出台了《国务院关于印发北京加强全国科技创新中心建设总体方案的通知》（见附录4）。在怀柔科学城的具体建设过程中，还受到《怀柔科学城建设发展规划（2016—2020年）》《北京城市总体规划（2016年—2035年）》《怀柔科学城控制性详细规划（街区层面）（2020年—2035年）》等政策的影响。这些政策的亮点主要表现在以下几个方面：

一是建立了正局级的管理委员会机构。北京怀柔科学城成立正局级的工作委员会，作为市政府派出机构，并由怀柔区委书记常卫任怀柔科学城党工委书记。目前中国科学院9个研究所已进驻，中国科学院北京纳米能源与系统研究所作为首个整建制入驻的科研机构目前已经启动搬迁入驻工作。

二是加强规划做好顶层设计和统筹推进工作。北京怀柔科学城按照建设"百年科学城"目标，高标准、高质量、高水平推进《怀柔科学城建设发展规划（2016—2020年）》编制，并建立了统筹推进机制，建立了由国家发改委、科技部、中国科学院和市政府共同组成的怀柔科学城建设发展推进机制，制定重大政策措施，协调解决有关问题，定期调度重大项目。同时统筹全市科技资金向怀柔科学城倾斜，加大重大科技创新平台、科技成果转化和新兴产业支持。为落实国家创新驱动发展战略要求，深入实施党中央、国务院批复的《北京城市总体规划（2016年—2035年）》，高质量、高起点规划建设怀柔科学城，按照市委、市政府工作部署，市规划自然资源委、怀柔科学城管理委员会，会同怀柔、密云两区政府，组织编制了《怀柔科学城控制性详细规划（街区层面）（2020年—2035年）》，该规划深入贯彻国家科技创新发展战略和北京城市总体规划，面向世界科技前沿和国家重大需求，按照建设世界级原始创新承载区和百年科学城的总体要求确定了怀柔科学城的战略定位与发展目标。

三是首个享受中关村优惠登记政策区域。怀柔科学城可比照中关村自创区首个登记政策，在怀柔科学城区域内开展筹建登记、企业组织形式转化登记、名称自主预查登记、分支机构隶属登记、注册全程电子化工作，是北京远郊区首家实施登记注册全程电子区域。

四是加强保障推动大科学装置群建设。怀柔科学城按照大科学装置集群建设的整体安排，2018 年提前启动项目供地、开工建设保障等方面的工作，加快推动地球系统数值模拟装置、新落地的高能同步辐射光源、多模态跨尺度生物医学成像设施、子午工程二期等 4 个大科学装置。

二、合肥综合性国家科学中心主要政策

为了建设合肥综合性国家科技中心，安徽省出台了《关于合肥综合性国家科学中心建设人才工作的意见（试行）》（见附录 5），本着特事特办、先行先试的原则，重点围绕来得了、待得住和用得好，提出了诸多具有针对性的举措。

一是加大引才奖补力度。引进人才工资性年收入超过 50 万元、纳税 10 万元以上者，在首个管理期内，省市两级财政按实付薪酬的 50% 资助奖补用人单位用于引才工作，每人每年最高可达 100 万元。管理期一般在 5 年以下，奖励资金省、市按 1∶1 比例承担。入选国家"千人计划"，省政府一次性配套给予 100 万元生活补助，其中国家"千人计划"短期项目入选者每人 30 万元。

二是享受个税优惠减免。高校、科研机构转化职务科技成果以股权或出资比例形式给予科研人员的奖励，获奖人享受递延至取得分红或转让时适用 20% 税率征税优惠。非上市公司授予本公司员工的股权奖励，符合规定条件的，享受递延至转让该股权时适用 20% 税率征税优惠。

三是开辟职称绿色通道。科学中心引进的海外人才高级职称实行自主评定，由两名同专业领域正高级职称人才推荐，经科学中心职称评审委员会评审，报省主管部门备案。职称评审重点看能力、业绩贡献和业内公认度，不受身份、任职年限等限制。

其他策略还包括提供签证居留便利、强化知识价值激励、创新编制岗位管理、优化生活配套服务、开展先进典型奖励、特殊人才特殊办理、加强协调推进落实等。

三、上海张江综合性国家科学中心主要政策

一是鼓励企业主体创新投入。完善国有企业经营业绩考核办法，加大创新转型考核权重。分类实施以创新体系建设和重点项目为核心的任期创新转型专项评价。对科技研发、收购创新资源和重大项目、模式和业态创新转型等方面的投入，均视同于利润。

二是完善科技成果转移转化机制。下放高校和科研院所科技成果的使用权、处置权、收益权，对高校和科研院所由财政资金支持形成，不涉及国防、国家安全、国家利益、重大社会公共利益的科技成果，主管部门和财政部门不再审批或备案，由高校和科研院所自主实施转移转化，成果转移转化收益全部留归单位。

三是推动科技与金融紧密结合。扩大政府天使投资引导基金规模，强化对创新成果在种子期、初创期的投入，引导社会资本加大投入力度，对引导基金参股天使投资形成的股权，5年内可原值向天使投资其他股东转让。创新国资创投管理机制，允许符合条件的国有创投企业建立跟投机制，并按照市场化方式确定考核目标及相应的薪酬水平。在上海股权托管交易中心设立科技创新专板，支持中小型科技创新创业企业挂牌。

四是设立专项发展资金，提供全方位资金支持。支持创新创业资源集聚，对符合张江科学城产业导向，具备全球影响力的创新创业孵化平台、创新实验室、重大项目等，按实际支出的50%给予支持；支持优秀创新创业项目引进，对获得国家级创新创业大赛奖项并在科学城落地产业化的项目，给予不超过100万元的一次性奖励；支持企业加大研发投入，对年度研发费用500万元以上、且保持较高增长率的企业给予支持；支持创新成果推广应用，支持建设创新产品应用平台及应用场景，示范运用创新产品和技术。

四、中关村科学城主要政策

中关村科学城和怀柔科学城在空间位置上比较接近，政策方面也受到多方面的影响，本书主要从《中关村科学城发展规划（2011—2015）》（见附录6）、《关于支持中关村科学城智能网联汽车产业创新引领发展的十五条措施》（见附录7）两大文件出发，研究中关村科学城政策上的亮点。

《中关村科学城发展规划（2011—2015）》共分为发展基础与面临形势、指导思想与发展目标、主要任务、发展路径和保障措施五个部分，为中关村科学城的建设做出了详细的规划，体现了科学城规划建设的特点。中关村科学城的三大任务：建成世界一流的科研高地；推动科技成果转化，带动国家和北京战略性新兴产业发展；形成带动北京、辐射全国、链接全球的高技术服务产业体系。《中关村科学城发展规划（2011—2015）》以"搭建平台、整合资源"为战略思想，围绕机制体制创新，依托中关村科技创新和产业化促进中心，打造人才集聚平台、资本配置平台、特色产业园、产业技术研究院、平台型大企业、创新创业孵化平台、国际交流合作平台等七大类平台，并且提出了六项保障措施，从宏观层面保障中关村的创新发展。

《关于支持中关村科学城智能网联汽车产业创新引领发展的十五条措施》是针对具体科技创新研究项目提出的，体现了科学城在政策方面对于具体项目反应及时、政策到位的特点。除此之外，针对中关村科学城的发展，海淀区还提出多项具体的优惠政策，不同的政策解决不同的问题，但其核心是不变的，都是为了打造中关村的创新生态环境。这些优惠政策的主要亮点表现如下。

一是大力加强重点产业服务体系建设。海淀区发布《关于加快中关村科学城人工智能创新引领发展的十五条措施》《关于支持中关村科学城智能网联汽车产业创新引领发展的十五条措施》两个产业政策。这两个政策注重发挥创新要素集聚和产业链条完善优势，突出重大原始创新激励，原始创新单个项目支持金额最高2亿元；主动开放应用场景引导产业融合发展，同时以政府引导基金方式培育"耐心"资本，引导投早投长投原创，打造人工智能产业和智能网联汽车产业世界级新高地。中关村科学城还成立专注于生物医药和新材料领域的知识产权保护中心，组建了中关村科学城创新发展有限公司、翠湖智能网联科技发展有限公司两个市场化运营平台，弥补市场化、专业化服务手段缺失的短板，提升创新资源统筹能力和创新服务供给水平，形成"政府＋市场"双轮驱动的产业服务体系，为科技企业和高精尖产业发展保驾护航。

二是大力加强技术应用落地和产业发展。前沿技术的发展，需要与应用紧密结合，对科技型企业的支持，除了原有的资金、人才、空间等方面的服务，还需要打通企业技术转化的最后一千米，提供全纬度的应用场景，搭建新技术、新产品验证、展示和推广平台，促进企业创新成果应用推广和价值提升。首批推出共计17个重点典型科技应用场景，17个场景都由海淀区职能部门牵头实施，在投资和运营模式上，采用政府投资和企业筹措资金等多元化投入方式，对于企业投资类的项目，区政府给予一定比例资金支持。

三是优化海淀区人才公租房保障和管理。包括：第一；扩大创新人才保障范围；第二，降低人才公租房申请门槛；第三，创新人才公租房管理机制，解决创新人才居住难题。

四是优化高精尖经济结构产业空间资源管理和利用。包括：第一，加强产业空间资源统筹；第二，提升产业空间利用效率；第三，适度降低产业空间成本；第四，提升产业空间配套服务水平。

五、杭州未来科学城主要政策

科学城的建设都非常重视吸纳留存人才和高级知识分子,杭州未来科学城的《关于在浙江杭州未来科技城（浙江海外高层次人才创新园）建设人才特区打造人才高地的意见》（见附录 8）集中体现了这一特点。在人才特区建设方面，杭州未来科学城的主要政策亮点如下。

一是出台建设人才特区的配套支持政策。加大对人才特区引进人才的支持力度方面，支持引进高层次创业创新人才及其团队，在科研项目、重点实验室、试验基地、创新平台建设和人才培养方面优先予以支持。企业注册登记方面，积极支持海内外高层次人才以技术入股或者投资等方式创办企业，允许以商标、专利等知识产权出资创办企业，非货币出资金额最高可占注册资本的 70%。科技项目布局和科研投入方面，鼓励特区内企业加大科技研发投入，给予一定的科研经费资助以及税收优惠。创业投融资方面，健全人才特区内的创业金融服务体系，形成政府资金与社会资金、股权融资与债权融资、直接融资与间接融资相结合的创业投融资体系。税收优惠方面，对符合条件的新投资企业及人才提供税收优惠和便捷通关等待遇。人才居留、出入境、落户以及人才生活保障方面，同样拥有诸多优惠措施。

二是设立建设人才特区工作指导委员会。在省委人才工作领导小组的指导下，由省委组织部牵头，杭州市委、市政府、省发改委等近 20 个部门共同组成浙江杭州未来科学城建设人才特区工作指导委员会，负责人才特区建设的组织领导和统筹协调，杭州市和余杭区具体负责人才特区的建设工作。

第七章
广东省建设科学城的政策启示

基于对国内外科学城的建设整体情况、基本特征和相关政策的分析，得出以下启示。

第一节　创新主体

一、重视科研机构

要充分发挥政府、研究机构、企业等主体的作用，增强产业聚集的能力。顶级的科学城的科学研发离不开优质的高校、科研机构及企业研发部门。如橡树岭国家科学实验室与佐治亚理工大学、杜克大学、北卡大学等合作，哈维尔科创中心与牛津大学、剑桥大学、科技设施委员会等合作，筑波科学城与筑波大学、宇宙研究中心等合作。

二、重视科技人才

除了与大学、科研机构联系，科学城也把争取人才放在第一要位，特别是对诺贝尔奖得主、国家最高科学技术获奖者等世界顶尖科技人才进行争取。顶级的科学家和科研团队可以更好地借助顶级的科学装置从事科学研发，从而产生巨大的影响力。我国在建设科学城时，一方面要充分利用大科学装置及顶尖科研机构的国际影响力，吸引国际优质科学家前来参与科研项目，并加大对此类尖端科学人才的引进力度；另一方面，也需要重视本土科技人才的培训，增加本国科技人才与世界顶级科技人才交流的机会，为科学城发展做好人才储备和科技积累。

第二节　创新资源

一、大科学装置

前瞻布局重大科技基础设施和交叉研究平台，重视重大科学装置的建设。积极争取国家实验室，让顶尖科学家发挥优势。当前世界科技发展迅速，基础科学研究对实验条件有了越来越苛刻的要求，50% 以上的基础科学突破必须依赖能够提供各项极限研究条件的大科学装置。顶级科学装置有着毋庸置疑的顶尖人才吸引力和尖端科研突破力，科学装置的级别决定了科学城的高度。目前在我国建设的上海张江科学城，建设了能级世界第四的上海光源、全国唯一的蛋白质研究中心；合肥科学城则拥有全超导托卡马克实验装置、稳态强磁场实验装置 2 个国家重大科技基础设施。在北京规划建设怀的柔科学城也将建设能级世界第一的同步辐射光源、世界第一的风洞实验室和高速列车模拟实验平台等。在广东省科学城的建设中，重大科学装置的建设是不可忽视的发展根基。

二、综合性国家科学中心

大力创建综合性国家科学中心，提升综合竞争力。根据世界科学城的主要分类，重点引导深圳光明新区、佛山三龙湾新区、东莞滨海新区加强规划布局新建科学城；引导中山翠亨新区由创新园区向科学城转化；引导惠州潼湖智慧城、广州知识城在核心区块布局建设以基础研究为主的科学城，把珠三角地区建设成为服务国家战略需求、设施水平先进、多学科交叉融合、高端人才和机构汇聚、科研环境自由开放、运行机制灵活有效的综合性国家科学中心。依托综合性国家科学中心，积极争取国家实验室布局，主动争取承担国家重大科技任务，发起大科学计划，推动实现重大原创突破，攻克关键核心技术，增强广东省原始创新能力。

第三节　创新机制

一、构建开放型创新网络

构建开放型创新网络，集聚全球优质知识创新要素。引导广东省各地市在建设科学城的过程中，构建开放型创新网络。依托"千人计划""珠江人才"等国家和地方重大人才计划，着力引进一批从事国际前沿研究、带动新兴学科发展的杰出科学家、顶尖科技人才和创业团队。吸引和布局一批高水平创新资源和平台，持续吸引汇聚全球顶尖科研机构和重大创新功能型平台，建设全球领先的科学实验室、国家实验室，推动省实验室、重大科学装置。积极探索以我国为主的国际合作，鼓励各科学城提出并牵头组织国际大科学计划和大科学工程，吸引国外优质资源参与科学城发起的重大科技基础设施建设和相关科学研究。

二、建立完善的合作机制

建立完善的合作机制，政企合作共建科学城。早期国外的科学城主要依赖政府资金，然而政府资金有限，难以推动科学城的快速建设，导致第一批科学城的发展时间较长。之后一些科学城尝试引入民间资本，政企共建科学城的模式既加快了科学城的建设速度，又增强了政府、企业、市场三者的黏合度，这种模式值得学习和借鉴。因此，我国在建设科学城过程中，应当建立由政府、职能部门、科研机构、企业等多方参与的合作机制，统筹推动科学城建设与发展，既可以节省政府资金，又有益于处理好科学城中政府与市场的关系。加强政策聚焦，在坚持规范性的同时，更加突出发展前瞻性、产业针对性、阶段适应性、服务专业性、进退包容性和结果有效性，不仅要充分挖掘现有政策的潜力，实现各部门政策的叠加，还要及时响应企业和产业发展需要。在发展过程中，逐步形成良好的产学研创新创业生态系统；培育科学城的自主发展型社会组织，强化科学城在区域协同创新网络中的引领力。

三、建设创新孵化器体系

推进创新型孵化器体系建设。科学城要利用目前创新全球化即创新资源在全球范围内流动加速与重新集聚的机遇,扩大政府引导资金的规模并更好地发挥其作用,以创新型孵化器体系建设为载体，进一步推动孵化器和风险投资这两大领域的融合与跨越式发展。孵化器建设要以垂直、多元、系统、开放、国际化为特征，充分满足不同类型创业者、不同创业阶段、不同层次的服务与融资等的需求。

四、加强区域统筹规划

加强科学城统筹管理，做好科学城布局，构建分工有序、支撑有力的科学城格局。广东省相关管理部门要进一步理顺体制机制，合力推动广东省科学城建设。要加快做好科学城的布局，充分发挥科学城在开展区域基础和应用基础研究、聚集和培养优秀科学家、开展高水平学术交流等方面的重要作用，引导珠三角各地市根据自身创新资源优势，根据科学城建设属性、定位，以及区域技术基础、科研需求和人才队伍等，优先在条件成熟、前期准备工作充分的区域建设科学城，推动一批大科学装置落户到广东省科学城内，形成以建设大科学装置群为基础，以广州、深圳科学城为核心，珠三角各地市科学城为支撑的科学城建设格局。

第四节　创新环境

构建完善的法律法规和政策保障机制，加快推动科学城的配套基础设施建设。在科学城建设与管理、技术转移、财政、税收、金融政策、贸易、人才等方面构建完整的法律法规和政策体系，来保障创新创业活动和产业的发展。良好的配套设施有助于加强科学城吸引力和增强凝聚力，因此，应当配备专业的中介组织，建设优异的硬件基础设施，营造有利于科技型巨头企业成长的创新创业氛围，促进企业与科学城共同繁荣和可持续发展。大力发展研究开发、技术转移、检验检测认证、创业孵化、知识产权、科技金融等专业化、市场化科技服务，构建全链条式产业创新体系。此外，还应立足阐明科学城奉行的人文精神和思维模式，强化"广州科学城""南沙科学城"等品牌在创新发展格局中的影响力。

附　录

《关于进一步加快促进科技创新的政策措施》

《关于进一步加快促进科技创新的政策措施》由广州市人民政府办公厅秘书处2019 年 7 月 24 日印发，内容如下。

为全面贯彻习近平新时代中国特色社会主义思想和党的十九大精神，深入贯彻习近平总书记视察广东重要讲话精神，贯彻落实《广东省人民政府印发关于进一步促进科技创新若干政策措施的通知》（粤府〔2019〕1 号），深入实施创新驱动发展战略，建设科技创新强市，加快提升我市自主创新能力，进一步发挥科技创新对经济社会发展的支撑引领作用，结合我市实际，制定以下政策措施。

一、构建高水平科技创新载体。以粤港澳大湾区国际科技创新中心建设为契机，联动推进"广州—深圳—香港—澳门"科技创新走廊建设，打造中新广州知识城、广州科学城、南沙科学城、琶洲人工智能与数字经济试验区（含广州大学城）"三城一区"创新核。加快珠三角国家自主创新示范区（广州）、中国（广东）自由贸易试验区广州南沙新区片区、广州高新技术产业开发区、南沙庆盛科技创新产业基地、广州国际生物岛、白云湖数字科技城等载体建设。（牵头单位：市科技局、各区政府，配合单位：市发展改革委）

二、支持国际一流创新平台建设。争取在琶洲建设人工智能与数字经济广东省实验室，支持广州再生医学与健康、南方海洋科学与工程等省实验室及在穗高校、科研机构与香港大学、香港中文大学和香港科技大学等国（境）内外知名高校、科研院所合作，共同组建联合研究中心、粤港澳联合实验室、国际合作实验室。支持港澳企业、高校参与广州科技创新合作，成立名校—名企联合实验室，搭建"科学家、工程师、企业家"对接平台和科技信息共享平台，共同开展基础研究和关键核心技术攻关。（牵头单位：市科技局，配合单位：市发展改革委）

三、加强创新基础能力建设。积极创建综合性国家科学中心，推动人类细胞谱系大科学研究设施、冷泉生态系统观测与模拟实验装置等国家重大科技基础设施建设。面向港澳地区有序开放重大科技基础设施，支持粤港澳超算联盟发展，推动超算跨境服务，打造"粤港澳超算资源共享圈"。联合共设粤港澳大湾区（粤穗）开放基金，市财政每年投入 6000 万元支持穗港澳联合开展基础和应用基础研究。支持香港科技大学（广州）建设发展，鼓励穗港澳高校、科研院所（机构）互设相应机构，在穗设立的相应机构可享受我市相关优惠政策。（牵头单位：市科技局，配合单位：市发展改革委、教育局、财政局）

四、支持粤港澳（国际）青年创新工场、粤港澳高校创新创业联盟发展，建设粤港澳大湾区（广东）青年创新创业基地、广州科学城粤港澳青年创新创业基地、粤澳青创国际产业加速器等一批港澳青年创新创业基地，基地被认定为省级科技企业孵化器的，可直接享受我市相关优惠政策。（牵头单位：市港澳办，配合单位：市科技局）

五、面向港澳开放市科技计划（专项、基金）。允许港澳高校、科研机构牵头或独立申报市科技计划。除涉及国家安全、秘密和利益的，港澳项目承担单位获得的科技成果与知识产权归其所有，依合同约定使用管理，优先选择在我市产业化的可享受我市相关政策支持。（责任单位：市科技局、财政局）

六、协同推进市财政科研资金跨境使用，允许项目资金直接拨付至港澳两地牵头或参与单位。建立资金拨付绿色通道，单笔等值 5 万美元以上（不含 5 万美元）的，由市科技行政部门到税务部门进行对外支付税务备案后，凭合同（协议）、发票（支付通知）或其他相关单证在银行办理财政科研资金外汇收支业务；单笔等值 5 万美元及以下的（资金性质不明确的除外），直接到相关银行办理拨款手续。港澳项目承担单位应提供人民币银行账户，港澳银行收取的管理费可从科研资金中列支。（牵头单位：市科技局、财政局，配合单位：广州市税务局、人民银行广州分行）

七、完善港澳人才保障机制。推进南沙粤港澳人才合作示范区建设，深化外籍人才永久居留积分试点,建立海外人才离岸创新创业基地。(牵头单位:市委组织部、南沙区政府,配合单位:市科技局、人力资源社会保障局)落实《财政部国家税务总局关于粤港澳大湾区个人所得税优惠政策的通知》(财税〔2019〕31号)要求,按内地与香港个人所得税税负差额,对在穗工作的境外(含港澳台)高端人才和紧缺人才给予补贴,该补贴免征个人所得税。(牵头单位:市财政局、科技局、人力资源社会保障局,配合单位:市委组织部、广州市税务局、各区政府)

八、加强科技人才住房保障。按照职住平衡、就近建设、定向供应的原则,鼓励各区以及用人单位等多主体供给,通过新增筹建、园区配建、城市更新等方式,在高校、科研机构、高新技术产业开发区等人才密集区建设人才住房。力争3年内面向全市新增3万套人才公寓和公共租赁住房,优先供给重点产业、重点企业中的人才使用。(责任单位:市住房城乡建设局、规划和自然资源局,各区政府)

九、提升服务科技企业能力。建立对口联系工作制度,对科技创新企业各成长阶段给予多角度、全方位的精准服务。加强与香港金融机构的合作,在我市生物医药等优势产业中挖掘一批符合条件的创新产业公司,组织赴港上市,推动创新企业与境外多层次资本市场对接。(责任单位:市地方金融监管局、科技局)

十、探索建立符合国际规则的创新产品政府首购制度。根据财政部有关政策,加大对首次投放国内市场、具有核心知识产权但暂不具备市场竞争力的重大创新产品的采购力度;国有企业利用国有资金采购创新产品的,应参照上述规定执行。实施重大创新产品示范应用工程,为重点领域研发计划等形成的重大创新产品提供应用场景。(牵头单位:市财政局,配合单位:市发展改革委、工业和信息化局、国资委、科技局)

十一、放宽科技创新设施用地限制。通过"三旧"改造建设重大科技基础设施、省实验室、高新技术企业,以及新型研发机构、科技企业孵化器和众创空间,在满足基础设施承载能力前提下,依法适当放宽地块容积率限制,缩短规划审批时间,提高规划审批效率。(牵头单位:市规划和自然资源局、住房城乡建设局,配合单位:市科技局)

十二、简化科技创新用地相关手续。逐步简化"三旧"改造项目地块建设规划审批流程。(牵头单位:市住房城乡建设局、规划和自然资源局,配合单位:市科技局）符合产业准入条件的创新主体，在结构安全、外观良好、不影响周边建筑使用、不改变主体结构、不增加容积率的前提下，临时改变现有建筑使用功能用于创新活动的，免于申领建设工程规划许可证。（责任单位：市规划和自然资源局）

本政策措施自印发之日起施行，有效期5年。

《广州市科技成果产业化引导基金管理办法》

第一章　总　则

第一条　为发挥广州市科技成果产业化引导基金作用，引导社会资本推动科技成果产业化，促进科技、金融与产业融合发展，根据《中共广州市委广州市人民政府关于加快实施创新驱动发展战略的决定》（穗字〔2015〕4号）、《广州市人民政府关于加快科技创新的若干政策意见》（穗府〔2015〕10号）、《广州市人民政府办公厅关于促进科技金融与产业融合发展的实施意见》（穗府办〔2015〕26号）等文件规定和精神，结合我市实际，制定本办法。

第二条　广州市科技成果产业化引导基金的申报、审批、投资、退出等管理活动适用本办法。

第三条　本办法所称广州市科技成果产业化引导基金（以下简称引导基金），是由市政府出资设立，按照市场化方式运作，不以营利为目的的政策性引导基金，通过引导社会资本进入我市科技创新领域，促进科技成果转化，培育战略性新兴产业。

第四条　引导基金规模50亿元，市财政出资视社会资金到位情况同步安排，所需资金在市科技创新委的科技创新发展专项资金中安排。引导基金规模视年度预算安排和引导基金实际运作情况可予以调整。

第五条　引导基金按照"政府引导、市场运作、科学决策、防范风险"原则，除本办法另有规定外，通过母基金的方式，选择股权投资机构或创业投资机构合作发起设立子基金，引导社会资本投向科技成果转化项目和科技产业领域。

第六条　子基金的组织形式根据实际情况，可采用有限合伙制或公司制的形式。在采用有限合伙制形式下，引导基金以有限合伙人（LP）身份出资参股子基金；在采用公司制形式下，引导基金以股东身份参与子基金。

第七条　子基金的发起设立、投资管理、业绩奖励等按照市场化方式独立运作，自主经营，自负盈亏。

第八条　市科技创新委负责指导引导基金受托管理机构组织开展申报、尽职调查等工作，推进对引导基金的政策目标、政策效果的落实。市科技创新委会同市财政局联合下达资金计划，按规定拨付财政资金，并对具体项目实施及其资金的使用情况进行监督检查和绩效评价。

第二章　受托管理机构

第九条　引导基金受托管理机构的确定方式按照《广州市政府投资基金管理办法》的有关规定执行，由其直接受托管理或新设子公司作为引导基金受托管理机构。市科技创新委、市财政局根据引导基金年度资金安排计划，确定委托管理资金额度，引导基金受托管理机构按照相关法律法规、市政府有关要求及委托管理协议约定，对引导基金进行管理。市科技创新委、市财政局可视年度运行情况，对委托管理资金额度予以调整。受托管理期限原则为 10 年，根据实际运行情况，市科技创新委和市财政局可做调整。

第十条　受托管理机构原则上为股权投资机构或创业投资机构，须符合以下条件：

（一）具有独立法人资格的公司，并具有中国证券投资基金业协会私募基金管理人备案证明；

（二）注册资本不低于 1 亿元人民币；

（三）至少 5 名从事 3 年以上投资基金相关经历并具备基金从业资格的从业人员；

（四）有完善的投资基金管理制度；

（五）有作为出资人参与设立并管理投资基金的成功经验；

（六）最近三年以上保持良好的财务状况，没有受过行政主管机关或司法机关重大处罚的不良记录，严格按照委托管理协议管理政府出资资金；

（七）其他国家省市法律法规的规定。

第十一条　受托管理机构采取公开遴选确定的，按以下遴选程序：

（一）公开征集，按照引导基金年度资金安排计划，由市科技创新委向社会公开发布年度引导基金受托管理机构申报指南，征集引导基金受托管理机构；

（二）尽职调查，市科技创新委委托符合条件的第三方机构对经初步筛选的申请机构进行尽职调查，提出尽职调查报告；

（三）专家评审，市科技创新委、市财政局组织专家评审委员会，根据《广州市政府投资基金管理办法》有关受托管理机构的条件要求，对申请机构的尽职调查报告进行独立评审，提出评审意见；

（四）确定机构，市科技创新委、市财政局根据专家评审委员会评审结果和实际情况，对引导基金受托管理机构进行筛选并报市政府决定，并由市科技创新委、市财政局、受托管理机构签订三方协议。

第十二条　引导基金受托管理机构的职责主要包括：

（一）对引导基金的子基金申报机构开展尽职调查、入股谈判，签订合伙协议或出资协议等相关法律文本；

（二）代表引导基金以出资额为限对子基金行使出资人权利并承担相应义务，并严格按照《合伙企业法》或《公司法》等相关法律法规，有效履行引导基金投后管理，监督子基金投向；

（三）每半年向市科技创新委、市财政局报告子基金运作情况、股本变化情况及重大情况。

第十三条　引导基金受托管理机构应选择在我市境内具有分支机构的商业银行作为托管银行开设引导基金专户，对受托管理的引导基金实行专户管理。托管银行依据托管协议负责账户管理、资金清算、资产保管等事务，对投资活动实施动态监管，应符合以下条件：

（一）经国家有关部门核准认定具有基金托管资格的；

（二）最近三年以上保持良好的财务状况，没有受过行政主管机关或司法机关重大处罚的不良记录；

（三）优先考虑与政府部门开展科技金融业务合作情况良好的。

第三章　投资领域

第十四条　引导基金发起设立的子基金须重点投向我市重大科技成果产业化项目、战略性新兴产业等新兴科技产业领域，主要投向处于种子期、起步期、成长期的科技型中小微企业。

第十五条　子基金须重点投向我市科技创新产业领域，子基金投资于我市行政区域内企业的比例原则上不低于财政出资额的两倍。

第十六条　子基金不得从事以下业务：

（一）从事融资担保以外的担保、抵押、委托贷款等业务；

（二）投资二级市场股票、期货、房地产、证券投资基金、评级 AAA 以下的企业债、信托产品、非保本型理财产品、保险计划及其他金融衍生品；

（三）向任何第三方提供赞助、捐赠（经批准的公益性捐赠除外）；

（四）吸收或变相吸收存款，或向第三方提供贷款和资金拆借；

（五）进行承担无限连带责任的对外投资；

（六）发行信托或集合理财产品募集资金；

（七）其他国家法律法规禁止从事的业务。

第四章　投资比例

第十七条　为促进科技成果转化，科研机构、新型研发机构、高校作为牵头机构，联合社会股权投资机构或创业投资机构申请与引导基金合作设立科技成果转化子基金，引导基金对子基金的出资比例放宽至不超过子基金规模的 50%，子基金须 100% 投资于科研机构、新型研发机构、高校的科技成果转化项目。

第十八条　为鼓励孵化器及创新创业企业发展，我市经认定的市级以上孵化器可作为牵头机构，联合股权投资机构或创业投资机构申请与引导基金合作发起设立子基金，引导基金对子基金的出资比例放宽至不超过子基金规模的 40%，子基金投资于本市孵化器内企业的资金比例不低于基金规模的 60%。

第十九条　为培育发展天使投资，引导基金对天使投资子基金的出资比例放宽至不超过子基金规模的 40%，天使投资子基金投资于初创期科技企业（成立 3 年内、营业收入不超过 2000 万元的科技型小微企业、单个项目投资额一般不超过 1000 万元）的比例不低于子基金规模的 60%。

第二十条　引导基金支持股权投资机构或创业投资机构设立创投子基金，由其依法依规负责募集社会资本。引导基金对子基金的出资比例不超过子基金规模的 20%，且不作为第一大出资人或股东。

第二十一条　引导基金支持开展跨境风险投资，推动建立跨境创业投资体系，通过风险投资引进高端项目和人才，具有海外投资经验或海外分支机构的创投机构可作为申报机构，申请与引导基金合作设立跨境风险投资子基金和项目引进后续投资子基金，引导基金对子基金的出资比例均不超过子基金规模的 20%，跨境风险投资子基金所投资项目中引进比例（按投资金额计算）不低于 20%，项目引进后续投资子基金对所引进项目投资不低于子基金规模的 40%。

第二十二条　市级引导基金支持省、市、区形成引导基金联动机制，对省级、区级科技成果产业化引导基金或创业投资引导基金合作设立的子基金，可纳入市级引导基金申报范围，各级引导基金的出资比例合计不超过子基金规模的 40%。

第五章　申报条件

第二十三条　引导基金子基金申报机构原则上为股权投资机构或创业投资机构，由其依法依规负责募集社会资本。引导基金对子基金的出资比例不超过子基金规模的 20%，且不作为第一大出资人或股东，同时，国有资本占比不超过子基金规模的 50%，本办法另有规定的除外。

第二十四条　申报机构除满足相关法律要求外，还须符合以下条件：

（一）企业须已依法完成工商登记手续。原则上，企业成立时间满 1 年，符合证监会颁布的《私募投资基金监督管理暂行办法》（中国证监会令 105 号）、《创业投资企业管理暂行办法》（国家发改委等十部委令第 39 号）相关规定，已在中国证券投资基金业协会或各级创投备案管理部门完成备案手续；

（二）注册资本在人民币 500 万元以上，且均以货币形式实缴出资或其基金管理规模在人民币 1 亿元以上；

（三）至少 3 名从事 3 年以上投资基金相关经历的从业人员；

（四）有完善的投资基金管理制度；

（五）自身或持有 30% 以上股份的主要股东有作为出资人参与设立并管理投资基金的成功经验；

（六）最近三年以上保持良好的财务状况，没有受过行政主管机关或司法机关重大处罚的不良记录，严格按委托管理协议管理出资人资金。

第二十五条　申报机构可直接作为子基金的基金管理人，也可指定或新设符合条件的关联企业作为子基金的基金管理人。在采用有限合伙制形式下，基金管理人为子基金的普通合伙人（GP）；在采用公司制形式下，基金管理人为有限责任公司承担管理职责的股东。子基金的基金管理人须符合以下条件：

（一）企业须已依法完成工商登记手续，注册资本或认缴出资额不低于 500

万元人民币，且均以货币形式实缴出资；

（二）主要负责人具备丰富基金管理运作经验，并已取得良好的管理业绩，且至少有3至5名具备3年以上股权投资或相关业务经验的专职高级管理人员；

（三）管理和运作规范，具有严格合理的投资决策程序和风险控制机制；按照国家企业财务、会计制度规定，有健全的内部财务管理制度和会计核算办法；

（四）出资不低于子基金规模的1%。

第六章　申报程序

第二十六条　引导基金按照以下程序从申报机构中甄选符合条件的合作机构及组建子基金：

（一）发布指南，市科技创新委会同引导基金受托管理机构研究制订并发布申报指南；

（二）材料申报，申报机构根据申报指南及本管理办法的规定和要求编制申报材料，报送引导基金受托管理机构；

（三）初步审查，引导基金受托管理机构根据本管理办法以及申报指南有关要求，对申报机构提交材料进行符合性初审，指导申报机构在规定期限内按要求补齐补正相关材料，并将符合条件的申报材料以及初审结果报市科技创新委；

（四）符合性复审，市科技创新委根据申报材料以及初审结果，对申报机构进行符合性复审，确定进入专家评审的申报机构名单；

（五）专家评审，引导基金受托管理机构受市科技创新委委托，邀请相关领域专业人士组成专家评审委员会，进行独立评审，提出评审意见。专家评审重点包括子基金组建方案、募资能力、投资机制、管理团队、风控机制等；

（六）尽职调查，市科技创新委根据专家评审意见提出尽职调查的名单，并书面委托引导基金受托管理机构，由其委托符合条件的第三方机构开展尽职调查，形成尽职调查报告。尽职调查内容包括申报机构（子基金管理人）的经营状况、管理团队、投资业绩、内部机制、合法合规事项等；

（七）拟定合作机构（子基金管理人）及意向出资限额，根据专家评审意见和尽职调查结果，市科技创新委会同引导基金受托管理机构从申报机构中筛选拟定拟合作机构（子基金管理人）及意向出资限额方案；

（八）社会公示，市科技创新委将引导基金拟合作机构（子基金管理人）名单向社会公示 10 个工作日，对公示中发现的问题进行核查并提出意见；

（九）审定立项，市科技创新委审定引导基金拟合作机构（子基金管理人）及子基金方案，纳入引导基金立项项目和年度资金预算安排；

（十）项目谈判，由引导基金受托管理机构与拟合作机构（子基金管理人）进行谈判，草拟合伙协议等相关法律文件并提交引导基金受托管理机构投资决策委员会审议；

（十一）签署协议，经引导基金受托管理机构投资决策委员会审议同意后，引导基金受托管理机构按照公司内部程序，与拟合作机构（子基金管理人）签订《合伙协议》或《出资人协议》《委托管理协议》等相关法律文件；

（十二）资金拨付，市科技创新委与引导基金受托管理机构签订委托管理协议，并由引导基金受托管理机构督促子基金在规定的时间内完成募资和设立，由市科技创新委将年度引导基金出资拨付至引导基金受托管理机构，按有关规定履行引导资金出资手续；

（十三）投后管理，引导基金受托管理机构须按照相关法律法规以及本实施细则有关要求制订引导基金投后管理细则，确保子基金按要求进行投资；

（十四）退出回收，退出时，引导基金受托管理机构在转让股份（含回收的股息、股利）法定审批程序完成后，将政府出资额按照国库管理制度有关规定及时足额上缴国库，归属政府的收益由业务主管部门作为非税收入及时足额上缴财政。

第七章　投资管理

第二十七条　子基金须在我市注册。每支子基金募集资金总额原则上不低于5000 万元人民币，所有投资者均以货币形式出资。牵头机构为科研机构、新型研发机构、高校、专业孵化器或申请成立天使投资子基金的，募集资金总额可放宽至3000 万元；引导基金对单支子基金出资额不高于 2 亿元人民币。

第二十八条　引导基金对子基金的出资须在子基金完成注册手续后，按其他出资人的出资到位比例，予以末位出资到位。若其他出资人的出资额未在所签署的法律文件中约定的期限内到位，则引导基金受托管理机构有权根据所签署的法律文件不予出资。

第二十九条　为保证政策导向，引导基金受托管理机构派出代表进入子基金管理机构的投资决策委员会，不参与子基金管理机构经营业务和日常管理，但在所参与子基金违法、违规和偏离政策导向的情况下，可行使一票否决权。

第三十条　子基金对单个企业的累计投资额不得超过子基金规模的 20%。

第三十一条　子基金管理机构按市场规律提取一定比例的管理费用。管理费用由子基金管理机构按子基金合伙协议或相关章程约定从子基金资产中计提。年度管理费用与子基金投资收益挂钩，一般不超过子基金注册资本的 2.5%，具体标准在合伙协议或委托管理协议中明确。

第三十二条　托管银行接受子基金管理人委托并签订资金托管协议，按照协议约定对子基金托管专户进行管理。托管银行需要引导基金受托管理机构出具的合规性审查报告才能划拨投资款项。

第八章　退出机制

第三十三条　子基金的存续期原则上不超过 10 年。

第三十四条　子基金所投项目，按照市场化方式退出，包括二级市场交易退出、大股东回购、协议转让等，通过契约化方式约定，由子基金管理机构按照合伙协议或章程规定执行。

第三十五条　引导基金收益分配采用先回本后分利的原则。在有受让人的情况下，引导基金可适时退出子基金，其他出资人享有优先受让引导基金份额的权利。引导基金退出前，子基金已实现的盈利，引导基金应按照出资份额获取相应的分红后，按以下方式退出：

（一）引导基金受托管理机构所持有子基金份额在 3 年以内（含 3 年）的，转让价格参照引导基金原始投资额确定；

（二）引导基金受托管理机构所持有子基金份额在 3 年以上 5 年以内（含 5 年）的，如累计分红高于同期银行贷款基准利率计算的利息，转让价格参照引导基金原始投资额确定；如累计分红不足同期银行贷款基准利率计算的利息，则转让价格不低于原始投资额加上同期银行贷款基准利率计算的利息与累计分红的差额之和；

（三）引导基金受托管理机构所持有子基金份额超过 5 年的，转让价格按公共财政原则和引导基金的运作要求，按照市场化方式退出。

第三十六条　子基金在发生清算（包括解散和破产）时，按照法律程序清偿债权人的债权后，剩余财产按照同股同权原则分配。

第三十七条　引导基金受托管理机构应与引导基金合作机构通过协议等法律文件中约定，有下列情形之一的，引导基金可无须其他出资人同意，选择退出：

（一）投资基金方案审定立项后超过一年，未按规定程序和时间要求完成设立手续的；

（二）政府出资拨付投资基金账户一年以上，基金未开展投资业务的；

（三）基金投资领域和方向不符合政策目标的；

（四）基金未按章程约定投资的；

（五）其他不符合章程约定情形的。

第九章　激励约束机制

第三十八条　引导基金受托管理机构收取日常管理费，管理费在引导基金中安排，在年度考核结果确定后予以拨付。市科技创新委会同市财政局对引导基金受托管理机构按年度进行考核，根据考核结果确定管理费用比例，具体标准如下：

（一）引导基金考核结果为优秀等次，年度引导基金管理费用比例根据引导基金出资额分别核定为 1 亿元及以下按 1.2%、超过 1 亿元至低于 5 亿元（含 5 亿元）部分按 1%、超过 5 亿元部分按 0.8% 予以支付；

（二）引导基金考核结果为合格等次，年度引导基金管理费用比例根据引导基金投资额分别核定为 1 亿元及以下按 1%、超过 1 亿元至低于 5 亿元（含 5 亿元）部分按 0.8%、超过 5 亿元部分按 0.6% 予以支付；

（三）引导基金考核结果为不合格等次，年度引导基金管理费用按照考核结果合格等次管理费用减半支付。

第三十九条　子基金投资收益的一定比例，作为效益奖励用于激励子基金管理机构，效益奖励采取"先回本后分利"的原则，效益奖励均按照收益（回收资金＋累计分红－本金）的 20% 核定。

第四十条　受托管理机构考核结果不合格的，停发当年效益奖励，连续两年考核结果不合格的，市科技创新委、市财政局可根据情况另行公开遴选符合条件的管理机构。

第十章　监督检查

第四十一条　市科技创新委对引导基金运行情况进行日常监督，配合市财政部门对财政支出的绩效做好评价，配合市审计部门对财政资金的管理、使用及绩效情况进行审计监督。

第四十二条　引导基金实行定期报告制度。引导基金受托管理机构应在每季度结束 15 日内向市科技创新委、市财政局书面报告引导基金使用情况。主要包括：

（一）子基金投资运作情况；

（二）引导基金的拨付、退出、收益、亏损情况；

（三）资产负债情况；

（四）投资损益情况；

（五）其他可能影响投资者权益的其他重大情况；

（六）编制并向业务主管部门报送资产负债表、损益表、现金流量表和财政资金存放表、基金项目表等报表。

第四十三条　引导基金运行中发生违法违规、投资项目退出可能遭受重大损失等重大问题，引导基金受托管理机构应当在发现后 3 日内，向市科技创新委、市财政局书面报告。

第四十四条　市科技创新委定期向市政府报告引导基金运作情况。对监管中发现引导基金受托管理机构存在或可能存在失职等问题和隐患的，市科技创新委应当向引导基金受托管理机构提出书面整改意见或质询。经认定为违法、失职行为的，引导基金受托管理机构依法对造成的损失承担相应的法律责任。

第十一章　附　则

第四十五条　本办法自发布之日起施行，有效期 5 年，有关法律、政策依据变化或有效期届满，根据实施情况需要依法评估修订。

《广州市黄埔区广州开发区支持港澳青年创新创业实施办法》

第一条 为全面落实《粤港澳大湾区发展规划纲要》，支持港澳青年融入国家、参与国家建设，为港澳青年在黄埔区、广州开发区创新创业提供更多机遇和更好条件，打造粤港澳大湾区青年创新创业高地，结合我区实际，制定本办法。

本办法所称港澳青年，是指年龄范围 18 ～ 45 周岁的香港、澳门籍居民或在港澳高校毕业并获得高等教育学位的内地居民，遵纪守法，拥护"一国两制"，无违法违规等不良行为记录。

本办法所称港澳青年创办企业或机构，是指以港澳青年为主要创办人的企业或机构，同时满足以下条件：港澳青年实际权益持股比例 25% 以上，工商注册地、税务征管关系、统计关系在黄埔区、广州开发区及其受托管理和下辖园区（以下简称本区）范围内，有健全的财务制度、具有独立法人资格，签订相关承诺书。

第二条 【创业启动】对参与符合条件的创新创业大赛获奖并落户本区的港澳青年初创项目，给予最高 20 万元创业启动资助。

对获得香港青年发展基金、香港创新及科技基金企业支援计划、澳门青年创业援助计划资助并落户本区的创业项目，采用后补助的方式，按照香港、澳门特区政府资助标准给予 100% 配套资助，单个项目最高资助 100 万元。

第三条 【创新激励】对向港澳青年或以港澳青年为核心的创新团队购买技术成果的本区企业，在技术交易中涉及专利转让且包含核心技术发明专利并在本区实现转化的，按经主管部门登记的技术交易合同中实际发生的技术交易额的 20% 给予补贴，单个合同最高补贴 200 万元，每家企业每年最高补贴 1000 万元。

第四条 【平台建设】对被评选为国家、省、市级港澳青年创新创业孵化载体的，分别给予 100 万元、50 万元、25 万元一次性奖励。

每年择优支持不超过 3 个港澳青年创新创业孵化载体项目，按不超过项目建设经费 50% 的标准，给予最高 500 万元一次性资助。

第五条 【金融支持】设立 10 亿元规模的粤港澳大湾区青年创新创业基金，

重点投资各类优质港澳青年创新创业项目，提供天使投资、股权投资、投后增值等覆盖各阶段的多层次服务。

对取得商业银行机构贷款的港澳青年创办企业或机构，按照实际贷款发生额的1.5%（年利率）给予补贴，补贴期限3年，每家企业每年最高补贴100万元。

第六条 【办公补贴】对入驻符合条件的港澳青年创新创业孵化载体的港澳青年创办企业或机构，按照前两年100%、第三年50%的标准给予办公场地租金补贴，单个企业或机构最高补贴50万元。

第七条 【实习就业】每年遴选不少于300个政府机关或企事业单位实习岗位，向港澳高校学生提供不超过6个月的实习机会，给予每人每月3000元实习补贴，并安排免费住宿。

对毕业5年内与本区企业或机构签订2年以上劳动合同且实际工作满1年的港澳青年博士、硕士、本科、大专（含副学士）毕业生，分别给予5万元、3万元、2万元、1万元一次性资助。

对本区企业或机构每招用一名符合前款条件的港澳青年毕业生的，给予用人单位5000元补贴，每家用人单位补贴总额不超过5万元。

对在本区工作的港澳高端人才和紧缺人才，按其在本区缴纳的个人所得税已缴税额超过其按应纳税所得额15%计算的税额部分，给予财政补贴，该补贴免征个人所得税。

第八条 【合作交流】对主办全国、粤港澳大湾区青年创新创业论坛、专业研讨会、技术成果交易会、文化交流、大型项目路演等各类港澳青年活动的，经认定，按实际举办费用的30%给予补助，每个活动最高补助100万元。

对在本区牵头成立的港澳青年协会，经认定每年给予最高50万元活动经费补贴。

第九条 【生活保障】对在本区创新创业及就业的港澳青年，每月给予1000元交通往返资助，补贴期限3年。

建设港澳青年创意生活社区，为符合条件的港澳青年提供人才住房，并给予不低于市场租赁价格50%的租金补贴。

第十条 符合本办法规定的同一项目、同一事项同时符合本区其他扶持政策规定（含上级部门要求区里配套或负担资金的政策规定）的，按照从高不重复的原则予以支持，另有规定的除外。获得奖励的涉税支出由企业或个人承担。申报单位、组织或个人在扶持资金管理、使用过程中存在违法、违纪行为的，依照相应法律法规处理，追回扶持资金，停止其申请资格，并向社会公开其不守信用信息。

在本区发展的台湾青年参照适用本办法。

本办法自印发之日起施行，有效期3年。有效期届满或有关法律政策依据变化，将根据实施情况予以评估修订。

《国务院关于印发北京加强全国科技创新中心建设总体方案的通知》

为深入贯彻党的十八大和十八届三中、四中、五中全会精神，全面落实全国科技创新大会精神和《国家创新驱动发展战略纲要》《京津冀协同发展规划纲要》部署要求，坚持和强化北京全国科技创新中心地位，在创新驱动发展战略实施和京津冀协同发展中发挥引领示范和核心支撑作用，制定本方案。

一、总体思路

按照党中央、国务院决策部署，坚持创新、协调、绿色、开放、共享发展理念，根据京津冀协同发展的总体要求，以中关村国家自主创新示范区为主要载体，以构建科技创新为核心的全面创新体系为强大支撑，着力增强原始创新能力，打造全球原始创新策源地；着力推动科技和经济结合，建设创新驱动发展先行区；着力构建区域协同创新共同体，支撑引领京津冀协同发展等国家战略实施；着力加强科技创新合作，形成全球开放创新核心区；着力深化改革，进一步突破体制机制障碍，优化创新创业生态。塑造更多依靠创新驱动、更多发挥先发优势的引领型发展，持续创造新的经济增长点，为把我国建设成为世界科技强国、实现"两个一百年"奋斗目标提供强大动力。

二、发展目标

按照"三步走"方针，不断加强北京全国科技创新中心建设，使北京成为全球科技创新引领者、高端经济增长极、创新人才首选地、文化创新先行区和生态建设示范城。

第一步，到 2017 年，科技创新动力、活力和能力明显增强，科技创新质量实现新跨越，开放创新、创新创业生态引领全国，北京全国科技创新中心建设初具规模。

第二步，到 2020 年，北京全国科技创新中心的核心功能进一步强化，科技创新体系更加完善，科技创新能力引领全国，形成全国高端引领型产业研发集聚区、创新驱动发展示范区和京津冀协同创新共同体的核心支撑区，成为具有全球影响力的科技创新中心，支撑我国进入创新型国家行列。

第三步，到 2030 年，北京全国科技创新中心的核心功能更加优化，成为全球创新网络的重要力量，成为引领世界创新的新引擎，为我国跻身创新型国家前列提供有力支撑。

三、重点任务

充分发挥北京高端人才集聚、科技基础雄厚的创新优势，统筹利用好各方面科技创新资源，积极协同央地科技资源，深入实施军民融合发展战略，完善创新体系，优化提升首都创新核心功能，突出重点，在基础研究、原始创新和国家急需的领域取得突破，全面服务国家重大战略实施。

（一）强化原始创新，打造世界知名科学中心。

加大科研基础设施建设力度，超前部署应用基础及国际前沿技术研究，加强基础研究人才队伍培养，建设一批国际一流研究型大学和科研院所，形成领跑世界的原始创新策源地，将北京打造为世界知名科学中心。

1. 推进三大科技城建设。

统筹规划建设中关村科学城、怀柔科学城和未来科技城，建立与国际接轨的管理运行新机制，推动央地科技资源融合创新发展。加强北京市与中央有关部门会商合作，优化中央科技资源在京布局，发挥高等学校、科研院所和大型骨干企业的研发优势，形成北京市与中央在京单位高效合作、协同创新的良好格局。中关村科学城主要依托中国科学院有关院所、高等学校和中央企业，聚集全球高端创新要素，实现基础前沿研究重大突破，形成一批具有世界影响力的原创成果。怀柔科学城重点建设高能同步辐射光源、极端条件实验装置、地球系统数值模拟装置等大科学装置群，创新运行机制，搭建大型科技服务平台。未来科技城着重集聚一批高水平企业研发中心，集成中央在京科技资源，引进国际创新创业人才，强化重点领域核心技术创新能力，打造大型企业集团技术创新集聚区。

2. 超前部署基础前沿研究。

北京发挥科教资源优势，加强与国家科技计划（专项、基金等）衔接，统筹布局重点领域原始创新，集中力量实施脑科学、量子计算与量子通信、纳米科学等大科学计划，引领我国前沿领域关键科学问题研究。瞄准国际科技前沿，以国家目标和战略需求为导向，整合优势力量，在明确定位和优化布局的基础上，建设一批重大科研创新基地。围绕国家应用基础研究领域部署，加强对信息科学、基础材料、生物医学与人类健康、农业生物遗传、环境系统与控制、能源等领域的支撑，取得一批具有全球影响力的重大基础研究成果，引领国际产业发展方向。

3.加强基础研究人才队伍建设。

坚持高起点、高标准，建设结构合理的创新人才团队，造就一批具有国际影响力的科学大师和以青年科学家为带头人的优秀研究群体。支持高等学校、科研院所和有条件的企业共建基础研究团队，加快科学家工作室建设，创新青年人才支持模式，形成一批从事基础研究的杰出青年科学家队伍。在全球范围内吸引一批能够承接重大任务、取得尖端成果、作出卓越贡献、形成"塔尖效应"的顶尖人才。在统筹考虑现有布局和国家对外科技合作总体部署基础上，鼓励以我为主发起国际大科学计划和大科学工程，吸引海外顶尖科学家和团队参与。

4.建设世界一流高等学校和科研院所。

推进新兴交叉学科建设，促进基础学科与应用学科、自然科学与人文社会科学交叉融合，积极推动网络数据科学、量子信息学、生物医学、纳米科学与技术、核科学与技术、航空宇航科学与技术、生物信息学等学科发展与完善，加快世界一流高等学校和科研院所建设。建设国际马铃薯中心亚太中心。创新科研院所运行体制机制，推广北京生命科学研究所等管理模式。

（二）实施技术创新跨越工程，加快构建"高精尖"经济结构。

围绕国家经济社会发展重大需求，深入实施"北京技术创新行动计划""《中国制造2025》北京行动纲要""'互联网＋'行动计划"等，突破一批具有全局性、前瞻性、带动性的关键共性技术，加强重要技术标准研制，培育具有国际竞争力的研发创新体系，加快科技成果向现实生产力转化，在北京经济技术开发区等打造具有全球影响力的创新型产业集群。

5.夯实重点产业技术创新能力。

以智能制造、生物医药、集成电路、新型显示、现代种业、移动互联、航空航天、绿色制造等领域为重点，依托优势企业、高等学校和科研院所，建设一批对重点领域技术创新发挥核心引领作用的国家技术创新中心，突破与经济社会发展紧密相关的关键共性技术和核心瓶颈技术，形成一批具有竞争力的国际标准。推动科技与产业、科技与金融、科技与经济深度融合，培育一批具有国际竞争力的创新型领军企业，聚集世界知名企业技术创新总部，构建跨界创新合作网络。完善技术创新服务平台体系，加强研究开发、技术转移和融资、计量、检验检测认证、质量标准、知识产权和科技咨询等公共服务平台建设，打造高端创业创新平台。利用中关村政策优势，推动国防科技成果向民用领域转移转化和产业化。

6.引领支撑首都"高精尖"经济发展。

在新一代信息技术、生物医药、能源、新能源汽车、节能环保、先导与优势材料、数字化制造、轨道交通等产业领域实施八大技术跨越工程，重点突破高性能计算、石墨烯材料、智能机器人等一批关键共性技术，培育先导产业和支柱产业。推动以科技服务业、"互联网+"和信息服务业为代表的现代服务业向高端发展，促进服务业向专业化、网络化、规模化、国际化方向发展。深化科技与文化融合发展，推进"设计之都"与中关村国家级文化和科技融合示范基地建设。以北京国家现代农业科技城为依托，加快推进高端农业创新发展。

7.促进科技创新成果全民共享。

实施首都蓝天行动，推动能源结构向清洁低碳转型，深化大气污染治理，持续改善空气质量。实施生态环境持续改善行动，加强水资源保护与污水治理、垃圾处理和资源化利用，提升城市生态功能。实施食品安全保障行动，建立对食品生产经营各环节的科学高效监督管理体系，保障食品质量安全。加强重大疾病科技攻关，在疾病预防、诊断、精准医疗等领域形成一批创新成果并转化应用，打造具有国际影响力的临床医学创新中心。实施城市精细化管理提升行动，强化城市综合运行监控与重点行业安全保障能力，提高巨灾风险防范与应对能力。推动大数据与社会治理深度融合，不断推进社会治理创新，提升维护公共安全、建设平安中国的能力水平。组织实施科技冬奥行动计划，加强北京市、河北省与国家相关部门科技创新资源整合，聚焦绿色、智慧、可持续三个重点领域，集成应用和展示最新科技成果，为冬奥会提供科技支撑。

（三）推进京津冀协同创新，培育世界级创新型城市群。

贯彻落实《京津冀协同发展规划纲要》等战略部署，充分发挥北京全国科技创新中心的引领作用，构建京津冀协同创新共同体，打造世界级创新型城市群。积极参与和服务"一带一路"、长江经济带等发展战略，有力支撑国家创新驱动发展战略实施。

8. 优化首都科技创新布局。

全力推进高端产业功能区和高端产业新区建设，优化中关村国家自主创新示范区"一区多园"布局，提升产业技术创新水平，带动各园区创新发展。推动首都各区精细化、差异化创新发展，形成功能清晰、导向明确、秩序规范的发展格局。首都自主创新中心区（城六区）重点推进基础科学、战略前沿高技术和高端服务业创新发展；首都高端引领型产业承载区（城六区以外的平原地区）重点加快科技成果转化，推进生产性服务业、战略性新兴产业和高端制造业创新发展；首都绿色创新发展区（山区）重点实现旅游休闲、绿色能源等低碳高端产业创新发展；首都军民融合示范区重点打造前沿探索、基础研究、系统集成、示范应用、推广转化、产业发展的军民融合发展链条。加强统筹协调，对非首都功能疏解后的空间进行合理再布局，建设研发创新聚集区。

9. 构建京津冀协同创新共同体。

整合区域创新资源，打造京津冀创新发展战略高地。加强宏观指导和政策支持，结合产业链布局需要，培育具有产学研协同特征的科技企业集团，推进其在京津冀地区联动发展。完善协同创新体制机制，推动科技创新政策互动，建立统一的区域技术交易市场，实现科技资源要素的互联互通。建设协同创新平台载体，围绕钢铁产业优化升级共建协同创新研究院，围绕大众创业万众创新共建科技孵化中心，围绕新技术新产品向技术标准转化共建国家技术标准创新基地，围绕首都创新成果转化共建科技成果转化基地等。实施协同创新工程，围绕生态环境建设、新能源开发应用、废弃资源利用等重点领域开展联合攻关，围绕钢铁、建材等传统产业转型发展共同开展创新试点，围绕工业设计、科技服务业、文化创意等领域共同组织新技术应用示范等。

10. 引领服务全国创新发展。

发挥北京全国科技创新中心的辐射引领作用，搭建跨区域创新合作网络，加强与其他地区的科技创新合作。与上海、江苏、浙江、安徽等长江中下游省市重点推进基础研究和战略高技术领域合作；与广东、福建等东南沿海省份重点推进产业关键技术、创新创业等领域合作；与东北、中西部等地区重点推进技术转移、成果转化、产业转型升级等方面合作；加强与港澳台全方位科技交流合作。面向全国开放共享创新资源，推广"一站一台"（首都科技条件平台合作站和北京技术市场服务平台）等合作模式，建立跨区域科技资源服务平台，推动科技人才、科研条件、金融资本、科技成果服务全国创新发展。支持国家科技传播中心建设，打造国家级科学文化公共服务平台和全国"双创"支撑平台。

（四）加强全球合作，构筑开放创新高地。

坚持"引进来"与"走出去"并重、引智引技和引资并举，集聚全球高端创新资源，以创新提升区域发展层级，使北京成为全球科技创新的引领者和创新网络的重要节点。

11. 集聚全球高端创新资源。

吸引符合北京功能定位的国际高端创新机构、跨国公司研发中心、国际科技组织在京落户，鼓励国际知名科研机构在京联合组建国际科技中心，努力使北京成为国际科技组织总部聚集中心。面向全球引进世界级顶尖人才和团队在京发展。引导和鼓励国内资本与国际优秀创业服务机构合作建立创业联盟或成立创新创业基金。发挥中国国际技术转移中心等平台作用，完善市场化、国际化、专业化的服务体系，吸引国际高端科技成果在京落地，形成面向全球的技术转移集聚区。

12. 构筑全球开放创新高地。

在研发合作、技术标准、知识产权、跨国并购等方面为企业搭建服务平台，鼓励企业建立国际化创新网络。构筑全球互动的技术转移网络，加快亚欧创新中心、中意技术转移中心、中韩企业合作创新中心等国际技术转移中心建设，推动跨国技术转移。推进海外人才离岸创新创业基地建设，为海外人才在京创新创业提供便利和服务。鼓励国内企业在海外设立研发机构，加快海外知识产权布局，参与国际标准研究和制定，抢占国际产业竞争高地。鼓励国内企业通过对外直接投资、技术转让与许可等方式实施外向型技术转移。鼓励拥有自主知识产权和品牌的企业开拓国际市场，培育以技术、标准、品牌、质量、服务为核心的外贸竞争优势，提高产业在全球价值链中的地位。促进服务创新国际化，深化北京市服务业扩大开放综合试点，加快推进服务标准、市场规则、法律法规等制度规范与国际接轨。

（五）推进全面创新改革，优化创新创业环境。

深入落实创新驱动发展与体制机制改革系列重大部署，充分发挥中关村国家自主创新示范区改革"试验田"的作用，加快推进京津冀全面创新改革试验，破除制约创新的制度藩篱，形成充满活力的科技管理和运行机制，以深化改革促进创新驱动发展。

13. 推进人才发展体制机制改革。

实施更具吸引力的海外人才集聚政策，突破外籍人才永久居留和创新人才聘用、流动、评价激励等体制和政策瓶颈，推进中关村人才管理改革试验区建设，开展外籍人才出入境管理改革试点，对符合条件的外籍人才简化永久居留、签证等办理流程，让北京真正成为人才高地和科技创新高地。开展人才引进使用中的知识产权鉴定制度试点。深入实施北京市"雏鹰计划""高层次创新创业人才支持计划""科技北京百名领军人才培养工程"等人才计划，完善人才梯度培养机制，推进人才结构战略性调整。建立灵活多样的创新型人才流动与聘用模式，鼓励高等学校和科研院所人才互聘，允许高等学校、科研院所设立一定比例流动岗位，吸引企业人才兼职。研究制定事业单位招聘外籍人才的认定标准，探索聘用外籍人才的新路径。鼓励科研人员潜心研究，激发科研人员创新动力和积极性，完善市场化的人才评价激励机制，创新评价标准和办法。完善事业单位内部分配机制，推进绩效工资向关键岗位、业务骨干和有突出贡献的人员倾斜。优化人才服务保障体系，在住房条件、子女就学、配偶就业、医疗服务等方面为高层次人才提供便利。落实教学科研人员因公临时出国相关管理政策。

14. 完善创新创业服务体系。

加快发展高端创业孵化平台，构建集创业孵化、资本对接、营销服务等为一体的众创空间，提供集约化、专业化、社区化的创新创业环境。建立便捷高效的商事服务机制，推动集群注册登记、"先照后证"等改革，降低创业门槛。实施中关村大街改造提升工程，加快北京市海淀区"一城三街"建设，以创新创业打造经济社会发展新动力。深入推进国家科技服务业区域试点、服务业扩大开放综合试点、中关村现代服务业试点，探索科技服务业促进创新创业的新模式和新机制。发挥首都科技条件平台、首都科技大数据平台、中关村开放实验室等公共服务平台作用，推广创新券等科技资源开放共享的市场化机制，促进重大科研基础设施、大型科研仪器和专利基础信息资源向社会开放。加快推进研究开发、技术转移和融资、知识产权服务、第三方检验检测认证、质量标准、科技咨询等机构改革，构建社会化、市场化、专业化、网络化的技术创新服务平台。探索推动产业协同创新共同体建设，助力产业转型升级和大众创业万众创新。充分利用现有资源，统筹建设全国知识产权运营公共服务平台，建设国家知识产权服务业集聚发展示范区。

15. 加快国家科技金融创新中心建设。

完善创业投资引导机制，通过政府股权投资、引导基金、政府购买服务、政府和社会资本合作（PPP）等市场化投入方式，引导社会资金投入科技创新领域。结合国有企业改革建立国有资本创业投资基金制度，完善国有创投机构激励约束机制。按照国家税制改革的总体方向与要求，对包括天使投资在内的投向种子期、初创期等创新活动的投资，研究探索相关税收支持政策。支持"新三板"、区域性股权市场发展，大力推动优先股、资产证券化、私募债等产品创新。开展债券品种创新，支持围绕战略性新兴产业和"双创"孵化产业通过发行债券进行低成本融资。推动互联网金融创新中心建设。选择符合条件的银行业金融机构在中关村国家自主创新示范区探索为科技创新创业企业提供股权债权相结合的融资服务方式；鼓励符合条件的银行业金融机构在依法合规、风险可控前提下，与创业投资、股权投资机构实现投贷联动，支持科技创新创业。

16. 健全技术创新市场导向机制。

加快营造公平竞争市场环境。探索药品、医疗器械等创新产品审评审批制度改革试点。改进互联网、金融、节能、环保、医疗卫生、文化、教育等领域的监管，支持和鼓励新业态、新商业模式发展。严格知识产权保护，加快形成行政执法和司法保护两种途径优势互补、有机衔接的知识产权保护模式，健全知识产权举报投诉和维权援助体系。探索建立符合国际规则的政府采购技术标准体系，完善新技术、新产品首购首用风险补偿机制。建立高层次、常态化的企业技术创新对话、咨询制度，发挥企业和企业家在创新决策中的重要作用。市场导向明确的科技项目由企业牵头联合高等学校和科研院所实施。健全国有企业技术创新经营业绩考核制度，加大技术创新在国有企业经营业绩考核中的比重。

17. 推动政府创新治理现代化。

依法全面履行政府职能，建立权力清单和责任清单制度。深化行政审批制度改革，提高行政效能，建立创新政策调查和评价制度，加快政府职能从研发管理向创新服务转变，为各类创新主体松绑减负、清障搭台。建立科技创新智库，提升对创新战略决策的支撑能力、科技创新政策的供给能力、创新理念的引领能力，推进决策的科学化和现代化，探索政策措施落实情况第三方评估机制。大力发展市场化、专业化、社会化的创新服务机构和组织，逐步建立依托专业机构管理科研项目的市场化机制。建立健全科技报告制度和创新调查制度，加强公共创新服务供给。建立健全创新政策协调审查制度。推动创新薄弱环节和领域的地方立法进程，构建适应创新驱动发展需求的法治保障体系。深化科技项目资金管理改革，建立符合科研规律、高效规范的管理制度，强化对科研人员的激励。

18. 央地合力助推改革向纵深发展。

在中关村国家自主创新示范区内，允许在京中央高等学校、科研院所在符合国家相关法律法规的前提下，经主管部门授权，试行北京市的相关创新政策。充分发挥北京市和中央在京单位的改革合力，探索新一轮更高层面、更宽领域的改革试点，进行新的政策设计，在充分调动科技人员创新创业积极性上再形成新一批政策突破，解放和发展生产力。深入落实促进科技成果转化法，在京中央高等学校、科研院所依法自主决定科技成果转移转化收益分配。着力打破创新资源配置的条块分割，支持北京市统筹用好各类创新资源，鼓励市属和中央高等学校协同创新。完善高等学校与企业开展技术开发、技术咨询、技术服务等横向合作项目经费管理制度，鼓励开展产学研合作，其支出依据合同法和促进科技成果转化法执行。探索创新创业人才在企业与机关事业单位之间依法自由流动，并做好社会保险关系转移接续工作。鼓励在京企业、高等学校和科研院所承担国防科技前沿创新研究工作，并给予相关配套优惠政策。探索开展事业单位担任行政领导职务的科技人员参与技术入股及分红激励试点，并根据领导干部职务明确审批程序。

四、保障措施

（一）强化组织领导。

在国家科技体制改革和创新体系建设领导小组领导下，国家有关部门与北京市共建北京全国科技创新中心建设工作机制，在顶层设计、改革保障等方面实现上下联动，统筹运用各部门资源建设北京全国科技创新中心。北京市建立北京全国科技创新中心建设统筹机制，形成促进科技创新的体制架构，分解改革任务，明确时间表和路线图，推动各项任务落到实处。

（二）加强资金保障。

加大财政科技投入力度，明确财政资金投入重点。切实加强对基础研究的财政投入，完善稳定支持机制。北京市设立战略性新兴产业技术跨越工程引导资金，加大对产业关键共性技术和贯穿创新链科技创新项目的支持力度。深化科技与金融结合，健全政府引导、企业为主、社会参与的多元化科技投入体系。

（三）完善监督评估机制。

加强监督考核，改革完善创新驱动发展的评价机制。研究建立科技创新、知识产权运用和保护与产业发展相结合的创新驱动发展评价指标体系，将本方案任务落实情况纳入北京市各级领导干部绩效考核体系。健全决策、执行、评价相对分开、互相监督的运行机制，强化对本方案实施进展情况的监督和问责机制。发挥第三方评估机构作用，定期对本方案落实情况进行跟踪评价，依据评价结果及时调整完善相关政策。

《关于合肥综合性国家科学中心建设人才工作的意见（试行）》

为贯彻省五大发展行动计划，加快推进合肥综合性国家科学中心（以下简称科学中心）建设，聚力引进一大批国际国内高层次人才，本着特事特办、先行先试的原则，重点围绕来得了、待得住和用得好，现提出如下意见。

一、加大引才奖补力度。引进人才工资性年收入超过 50 万元、纳税 10 万元以上者，在首个管理期内，省市两级财政按实付薪酬的 50% 资助奖补用人单位用于引才工作，每人每年最高可达 100 万元。管理期一般在 5 年以下，奖励资金省、市按 1：1 比例承担。入选国家"千人计划"，省政府一次性配套给予 100 万元生活补助，其中国家"千人计划"短期项目入选者每人 30 万元。

二、提供签证居留便利。对符合认定标准的外籍高层次人才及其配偶、未成年子女，经当地人才主管部门推荐，可直接申请在华永久居留。外籍人员已在当地连续工作满 4 年、每年在我国境内实际居留累计不少于 6 个月，有稳定生活保障和住所，工资性年收入和年缴纳个人所得税达到规定标准，经工作单位推荐，可以申请在华永久居留，并允许其配偶和未成年子女随同申请。具有博士学位的外籍华人在当地工作，或外籍华人在当地连续工作满 4 年、每年在我国境内实际居住累计不少于 6 个月，可直接申请在华永久居留。

对来探望亲属、洽谈商务、开展科教文卫交流活动及处理私人事务的外籍华人，可签发 5 年以内多次出入境有效签证。对在当地工作、学习、探亲以及从事私人事务需长期居留的，可以按规定签发有效期 5 年以内的居留许可。对具有创新创业意愿的外国留学生，可以凭我国高校毕业证书申请 2 至 5 年有效的私人事务类居留许可（加注"创业"）。对在皖工作的外国人，如其已连续两次申请办理工作类居留许可，且无违法违规问题的，可以按规定签发有效期 5 年以内的工作类居留许可。

有关企业选聘的外籍技术人才和高级管理人才，办妥工作许可证明的，可在入境口岸申请工作签证入境；来不及办理工作许可证明的，可凭企业出具的邀请函件申请人才签证入境。引进人才属华侨的，凭侨务部门出具的证明材料，可在居住地直接落户。

三、强化知识价值激励。支持按照知识、技术、管理、技能等要素贡献参与分配。实行期权股权激励等中长期激励政策，科技成果转化收益用于奖励重要贡献人员和团队的比例首期可达 90%。支持外籍人才或团队通过科技成果作价入股等方式与企业开展协同创新，允许外籍人才通过技术股权收益、期权确定、资本市场变现等增加合法收入，依法保护外籍人才享有知识产权权益。

四、享受个税优惠减免。高校、科研机构转化职务科技成果以股权或出资比例形式给予科研人员的奖励，获奖人享受递延至取得分红或转让时适用 20% 税率征税优惠。非上市公司授予本公司员工的股权奖励，符合规定条件的，享受递延至转让该股权时适用 20% 税率征税优惠。个人获得省政府、国务院部委和部队军以上单位，以及外国组织、国际组织颁发的科学、教育、技术、文化、卫生、环境保护等方面的奖金，免纳个人所得税；个人因作出突出贡献从省级以下政府及其所属部门取得的一次性奖励收入，不论其奖金来源，享受按"偶然所得"20% 税率征收个税。

五、开辟职称绿色通道。科学中心引进的海外人才高级职称实行自主评定，由两名同专业领域正高级职称人才推荐，经科学中心职称评审委员会评审，报省主管部门备案。职称评审重点看能力、业绩贡献和业内公认度，不受身份、任职年限等限制。

六、创新编制岗位管理。支持科学中心用人单位设立特设岗位和流动岗位柔性引进人才，不受岗位总量、最高等级和结构比例限制。畅通科学中心高层次人才在全省各类高校、科研院所和企业间流动渠道。创新人员编制管理方式，保障供给，满足科学中心机构建设和各用人单位引进急需紧缺人才需要。中国科学技术大学、中国科学院合肥物质院、中电科等中央驻皖单位引进高层次人才，可根据需要由省里调剂事业编制供其周转使用。

七、优化生活配套服务。对引进国际国内高层次人才，充分尊重本人意愿，为其未成年子女优先安排学校就读。增设外籍子女学校或开设国际部，外籍人才子女就学可实行弹性学制。配偶工作安排保持原单位编制性质和职级。加快合肥市人才公寓房建设，优先保障科学中心引进人才 90 至 220 平方米的住房需求。为外籍人才提供预约诊疗和外语服务，在部分省重点医院设立国际医疗部，积极引进现代医疗机构临床技术与服务管理理念，探索建立国际医疗结算体系。

向非本地户籍引进人才发放"江淮优才卡"，作为持有人在本地居住和工作的证明，用于办理具体事务。持有人凭卡可直接到相关部门办理住房、配偶就业、子女入学、医疗保险等手续，享受公共文化服务。在外籍人才集聚地试点建设国际社区和街区。探索建设合肥国际人才城，打造人才要素集聚和人才工作机制创新载体。

八、开展先进典型奖励。建立政府奖励为导向、用人单位奖励为主体、社会力量奖励为补充的分层次多样化人才奖励体系。对在科学中心工作并作出重要贡献、成就突出的，不受国籍限制，可参评"安徽省突出贡献人才奖"，每人给予100万元奖励。允许外籍人才依法平等参与国家及省科学技术奖励评选活动，申报省内重点人才工程。

九、特殊人才特殊办理。每年由省领导带队集中开展1～2次海外人才招聘活动，在海外人才密集地区建立引才工作站。对引进国际、国内顶尖人才和科学中心建设特殊需要人才及其科研团队，采取"一事一议"方式，在依法依规的前提下，创造条件实现精准引进。

十、加强协调推进落实。成立合肥综合性国家科学中心人才服务协调办公室，设在省委组织部，安排专人负责政策落实的调度协调工作。在科学中心设立"无否决权人才服务专窗"，开展"一站式"服务。加强政策落实情况督促检查，并纳入省综合考核重要内容。

以上意见自发布之日起在科学中心试行，有关部门将定期开展评估和完善，并适时加以推广。

《中关村科学城发展规划（2011—2015）》

根据市委、市政府《关于贯彻落实〈中关村国家自主创新示范区发展规划纲要（2011—2020 年）〉的实施意见》的分工，《中关村科学城发展规划（2011—2015）》（以下简称《规划》）由市经信委会同中关村管委、市发展改革委、市教委、市科委等相关部门共同编制。《规划》共分为发展基础与面临形势、指导思想与发展目标、主要任务、发展路径和保障措施五个部分。

一、指导思想

《规划》的指导思想是，深入贯彻落实科学发展观，围绕中关村建设具有全球影响力科技创新中心的总目标，坚持国家高端人才集聚区、体制机制创新前沿阵地、科学技术研究高地、科技成果转化辐射源、战略性新兴产业策源地的总定位，弘扬中关村创新精神，搭建平台、整合资源，研发和转化国际最先进的科技成果，开创一种建成区多类资源主体协同创新的新模式，探索一条将科技资源和人才资源转化为核心竞争力的新路径，努力将中关村科学城打造成为具有全球影响力的科技创新中心新地标。

二、发展目标

《规划》提出了中关村科学城发展目标，要推动科技与产业融合、科技与金融融合、科技与文化融合，在"十二五"末实现"三个提升、四个一流"。力争用 5 ～ 10 年时间，把中关村科学城打造成为世界高端科技人才集聚、企业研发总部云集、高技术服务业发达、科技创新创业和国际科技交流活跃的现代科学新城，巩固提升在创新型国家建设中的龙头地位。到 2015 年，中关村科学城技工贸总收入超过 1 万亿元，年均增速保持在 20% 左右。

其中"三个提升"是指：一是原创能力显著提升，年专利授权量达 1 万件以上，年均增长 30%；二是成果转化能力大幅提升，年技术交易额达到 2000 亿元，技术交易额占到全国 25% 左右；三是辐射带动能力显著提升，在首都经济圈和全国其他地区辐射带动一批专业产业基地发展。

"四个一流"是指：一是聚集 3 万名左右全球一流的高端人才；二是建设一批世界一流的科研机构；三是培育国际一流的高技术龙头企业，培育形成 4 ~ 6 家规模超过千亿元的大企业，孵化壮大上万家"专、精、特、新"中小型科技企业；四是打造一批行业一流的特色产业园，聚集企业总部及研发机构。

三、三大任务

《规划》按照"长远部署与近期实施相结合、科技创新与产业培育相结合、策源辐射与自我提升相结合"的原则，提出了中关村科学城在"十二五"时期主要部署的三大任务：

一是承接国家 973、自然科学基金、重大科学研究计划、知识创新工程和重大科技基础设施项目，瞄准世界科技前沿，大力推动学科交叉融合，前瞻部署一批基础研究和前沿技术研究项目，取得一批世界级的原始创新科技成果，自主研发一批重大科学仪器设备，建成世界一流的科研高地。

二是承接实施国家科技重大专项和国家 863 计划，突破一批产业化关键核心技术，发展新一代信息技术、节能环保、航空航天、生物、新材料、新能源、新能源汽车、高端装备制造等八大战略性新兴产业的高科技企业总部运营、研发设计、技术服务等高端环节，推动科技成果转化，带动国家和北京战略性新兴产业发展。

三是以国家在中关村开展的现代服务业综合试点和高技术服务业基地建设为契机，把发展高技术服务业作为提高科研成果转化和辐射水平的关键，从科技研发、成果产业化到市场应用的全过程，创新高技术服务业态，培育专业化的服务机构，引进世界先进的服务资源和模式，做强做大研发设计服务、工程技术服务、科技中介服务、信息服务等产业，力争率先形成带动北京、辐射全国、链接全球的高技术服务产业体系。

四、七大类平台

《规划》以"搭建平台、整合资源"为战略思想，围绕机制体制创新，依托中关村科技创新和产业化促进中心（中关村创新平台），打造七大类平台。实现基础研究、技术研发、产业转化、辐射发展等创新环节有机衔接互动，政府、企业和高校院所资源共享、协同创新的新局面。其中七大类平台包括：

一是人才集聚平台。围绕中关村人才特区建设，落实千人计划、海聚工程、高聚工程等人才政策，以承担国家重大科研计划和国家科技重大专项等任务为载体，集聚世界一流的创新创业人才。

二是资本配置平台。围绕国家科技金融创新中心建设，推进科技与金融深度融合，完善信用体系，拓宽融资渠道，创新科技金融工具和产品，优化配置科技金融资源。

三是特色产业园。重点围绕八大战略性新兴产业，支持龙头产业和高校科研院所深度合作，盘活存量空间资源，共同建设一批专业集聚、开放共享的特色产业园；依托特色产业园建设产业共性技术研发、测试认证、成果展示体验等三类公共服务平台，拓展产业发展创新功能空间，增强创新孵化和产业集聚作用。

四是产业技术研究院。通过高校院所与龙头企业、产业联盟合作，建设北航先进工业技术研究院、国机集团中央研究院等一批依托高校或龙头企业的新型产业技术研究院；依托产业技术研究院建设一批联合实验室和研发中心，促进产学研用协同创新。

五是平台型大企业。集聚一批高技术企业总部，重点培育发展三大类平台型企业：处于产业链高端、带动上下游合作的制造型龙头企业；带动中小型科技企业共同发展的网络运营服务商；拥有先进技术、组织行业内企业制定技术标准的技术型大公司。

六是创新创业孵化平台。强化大学科技园创新创业孵化功能，建设提供公共技术研发、测试验证、中试、技术培训、金融支持、创投等服务的专业孵化器，培育壮大中小微型企业。

七是国际交流合作平台。以高校院所、龙头企业为依托，搭建国际科研合作平台；以企业为支撑，搭建国际创新资源运用平台。推动高校院所、企业融入全球创新网络，与国际组织开展高水平国际科技合作。

五、六项保障措施

为完成三大主要任务，推动七大平台建设，《规划》提出了六项保障措施。一是加强工作组织领导，发挥部市共商联席会议机制作用，调动各类主体协同创新的积极性；二是用好先行先试政策，强化激励约束引导；三是加强财政金融支持方式创新，引导社会资源支持七大平台建设；四是盘活土地空间资源，将土地作为要素流动起来，调动土地拥有者开放空间资源的积极性；五是完善基础设施配套，重点支持海淀区落实科学城城市基础设施配套各项任务，大力推动信息化新技术在科学城区域先行应用，提升信息化基础设施；六是大力弘扬中关村创新创业文化。

《关于支持中关村科学城智能网联汽车产业创新引领发展的十五条措施》

为深入贯彻落实工业和信息化部《促进新一代人工智能产业发展三年行动计划（2018—2020 年）》和《北京市智能网联汽车产业创新发展行动方案（2019 年—2022 年）》，进一步发挥中关村科学城的创新资源优势，推进智能网联汽车产业创新发展，加快建设中关村自动驾驶创新示范区，形成技术引领和示范应用相得益彰的产业发展格局，构建世界领先的智能网联汽车产业创新高地，特制定以下支持措施。

第一条　支持共性技术平台建设。推动重点实验室、技术中心、产业创新中心等重大平台落地，支持各类创新主体建设智能网联汽车计算基础平台、云控基础平台、车载终端基础平台、高精度动态地图基础平台、信息安全基础平台、仿真测试平台等共性技术基础平台，开展产学研商协同创新，形成具有全球影响力的"汽车大脑"产业生态，根据效果给予最高 1000 万元资金支持。

第二条　推动关键技术创新突破。支持智能网联汽车关键核心技术研发及产业化，聚焦车载智能感知、处理器芯片等核心器件，提升车载计算平台、操作系统、集成控制及执行系统、通信和信息交互系统、定位与导航系统、车载智能终端及 HMI 系统、云控平台系统、信息安全系统、自动驾驶系统、智能座舱等多个领域研发实力，根据项目研发水平和产业化情况，给予最高 1000 万元资金支持。

第三条　优化产业配套服务。研究制定智能网联汽车测试、评价、准入、运行管理等规范，推动交通大数据开放共享，支持测试基础数据库、场景库、仿真测试及评价系统建设，加大智能网联汽车知识产权保护力度。

第四条　促进创新型企业集聚发展。支持国内外领先的智能网联汽车企业在海淀设立总部或研发中心，以"一事一议"方式给予支持。对于领军和独角兽企业，为其提供人才、资金、空间等全方位的政策服务包支持。

第五条　加强企业孵化培育。支持智能网联汽车专业孵化器、加速器建设，根据服务质量与孵化加速效果给予最高300万元资金支持。支持初创企业开展自动驾驶相关测试，以创新券等形式给予最高200万元资金补贴。

第六条　加强创新人才引育。支持企业引入国内外顶尖人才和团队，优先推荐其参与"海英人才"等不同等级人才计划评选，并给予人才引进、公租房、人才公寓等配套支持；优先支持智能网联汽车企业设立院士专家工作站、企业博士后科研工作站、校企合作人才培养基地等平台；鼓励行业龙头企业实施内部创新创业，政府股权投资基金对孵化出来的项目优先给予股权投资。

第七条　加强金融资本支撑。联合龙头企业、知名投资机构发起设立智能网联汽车产业投资基金。

第八条　建设功能齐全、特色突出的自动驾驶封闭测试场。突出多样化测试场景覆盖、智能网联功能验证、云控调度、仿真测试和场景数据支撑等能力，打造智能网联汽车与智能交通全面融合的测试环境。

第九条　构建技术先进、体系完备的开放测试区域。在开放测试区域建设中，推广应用5G通信网络、智能感知、车路协同、高精度地图、高精定位、云控平台、智能交通大数据等先进技术，根据效果给予参与建设的企业或实施主体最高500万元资金支持。

第十条　开放自动驾驶应用场景。开展短途接驳、物流配送、智能清扫、智能公交等自动驾驶示范应用，推动自动驾驶载人测试，探索"自动驾驶＋共享出行"等新一代出行服务模式，培育面向未来的智能交通出行新业态，根据示范应用效果给予最高1000万元资金支持。

第十一条　提升示范区运营能力。支持北京翠湖智能网联科技发展有限公司等建设运营主体引进知名创新型企业或机构，提升专业服务能力和综合配套品质，根据建设水平和实施效果给予最高200万元资金支持。

第十二条　支持创新主体参与或引领国际标准制订。支持企业和机构积极开展技术、测试和检测等标准制订，对获得批准发布的国际标准、国家标准和行业标准的制订单位，给予最高300万元资金支持。

第十三条　支持开展国际协同创新。鼓励国际领先企业在海淀开展产品研发和示范应用，鼓励企业与海外顶尖高校院所、全球领军创新型企业开展技术合作，提升技术创新能力。

第十四条 加强国际交流合作。鼓励创新主体与国内外行业组织、领先企业开展交流合作，举办高端论坛等具有国际影响力和行业带动力的活动，搭建高水平、高层次、专业化的产业合作交流平台，根据效果给予最高 500 万元资金支持。

第十五条 举办自动驾驶汽车国际赛事。支持各类创新主体组织或引入自动驾驶汽车赛事活动，形成国际知名品牌，根据效果给予最高 500 万元资金支持。

以上措施自发布之日起实施，由海淀园管委会（区科信局）负责解释。

《关于在浙江杭州未来科技城（浙江海外高层次人才创新园）建设人才特区打造人才高地的意见》

为贯彻落实《浙江省中长期人才发展规划纲要（2010—2020 年）》，创新人才发展体制机制，加快实施人才强省战略，省委、省政府决定，依托浙江杭州未来科技城（浙江海外高层次人才创新园）全面建设人才特区。现提出如下意见。

一、建设人才特区的重要意义

人才是科学发展的第一资源、第一要素。在特殊区域建设人才特区，以特殊政策、特殊机制为支撑，实行"特事特办"，率先在经济社会发展全局中确立人才优先发展的战略布局，构建与国际接轨、与社会主义市场经济体制相适应、有利于科学发展的人才体制机制，是加快建设人才强省，形成我省人才竞争比较优势的战略选择。浙江杭州未来科技城（浙江海外高层次人才创新园）是中组部、国务院国资委确定的中央企业集中建设的四大人才基地之一，是我省引进集聚海外高层次人才的重要平台，依托这一平台建设人才特区，有利于加快聚集高层次创业创新人才特别是海外高层次人才，有利于培养拔尖领军人才，促进各类人才的全面发展，有利于依靠人才智力优势提升自主创新能力,促进我省科技进步和战略性新兴产业发展，对我省深入贯彻落实科学发展观、加快转变经济发展方式、全面建成惠及全省人民的小康社会具有重要意义。

二、建设人才特区的主要任务

建设人才特区的主要任务是：着眼于服务创业，激活创新，面向以海外高层次人才为代表的急需紧缺人才，优化人才创业创新环境，加大人才体制机制创新力度，经过努力，到 2015 年，初步建成"人才科技资源充分聚集、人才体制机制充满活力、人才公共服务便利优质、人才创业创新高度活跃"的人才特区，打造区域人才高地。

（一）人才科技资源充分集聚。加快实施"千人计划"等高层次人才引进计划，集聚一批能突破关键技术、发展新兴产业、引领新兴学科的带头人和领军人才，集聚一批具有旺盛创业创新能力的创新团队。

（二）人才体制机制充满活力。率先确立人才优先发展的战略布局，在人才投入、科研和创业支持政策、管理服务等方面先行先试，率先构建与国际接轨的创业孵化机制、创业金融服务体系和科研创新环境。

（三）人才公共服务便利优质。在重大项目布局、科研基础设施建设、科研经费投入与使用、税收、人才奖励、人才生活保障等方面有良好的政策支持。重点完善高层次人才创业扶持政策，健全创业金融服务体系，建立融资担保、贷款贴息、知识产权质押等多元化的融资扶持政策，实现特区内人才与资本的深度契合。

（四）人才创业创新高度活跃。围绕我省产业发展导向，以突破战略性新兴产业核心技术、关键技术和加快高新技术产业化为目标，重点开展信息、物联网、新能源、新材料、生物医药、节能环保等产业的研发攻关和产业转化，培育一批高科技、高成长性的企业，引领和推动经济转型升级。

三、建设人才特区的支持政策

（一）创业奖励与资助。加大对人才特区引进人才的支持力度，由省委人才工作领导小组办公室牵头，整合省有关部门和杭州市、余杭区科技、人才、创业创新等专项资金，对引进高层次创业创新人才及其团队，在科研项目、重点实验室、试验基地、创新平台建设和人才培养方面优先予以支持。其中引进国际一流的创业创新领军人才及其团队，经认定给予总额不低于 1000 万元支持；引进国内一流的创业创新领军人才及其团队，经认定给予总额不低于 500 万元支持。积极支持和鼓励特区内引进的海外高层次人才申报国家和省"千人计划"，并给予相应奖励和待遇保障，申报省"千人计划"可直接报省专项办。杭州市、余杭区要按照有关人才政策，在项目投入资助、办公用房租金、人才住房保障等方面，做好政策兑现工作。

（二）企业注册登记。积极支持海内外高层次人才以技术入股或者投资等方式创办企业，允许以商标、著作权（版权）、专利等知识产权（须在国内注册或登记并受保护）出资创办企业，非货币出资金额最高可占注册资本的 70%。创办高新技术产业企业冠"浙江"省名的，注册资本放宽到 2000 万元。创办的中介服务企业和拥有自主知识产权的科技型企业组建企业集团的，母公司和子公司合并注册资本放宽到 3000 万元。创办的企业申请变更为无区域企业名称的，可享受名称变更直通车待遇，直接到省工商局办理手续。

（三）科技项目布局和科研投入。在人才特区优先布局国家、省科技重大专项、科技成果转化工程、重点实验室等科技项目，优先支持人才特区建设科技创新平台。设立的科技企业孵化器符合条件的，优先认定为省级科技企业孵化器，并优先申报国家级科技企业孵化器。积极支持人才特区内符合条件的企业申报国家、省高新技术企业。对特区内从事当前重点发展的高新技术领域研发活动的企业，尤其是海外高层次留学人员创办的企业给予一定的科研经费资助，直接资助可实行科研项目经费分阶段拨付及项目后补助政策。鼓励特区内企业加大科技研发投入，企业研究开发费用未形成无形资产计入当期损益的，在按规定据实扣除的基础上，按照研究开发费用的 50% 加计抵扣应纳所得税额；形成无形资产的，按照无形资产成本的 150% 摊销。特区内外籍留学归国人员创办的外商独资和中外合资企业，可凭《浙江省海外高层次人才居住证》和海外留学证明，同等申报国家、省级科技计划项目。特区内的重大专项课题项目，可在项目（课题）直接费用扣除设备购置费和基本建设费后，按照一般不超过 16% 的比例列支间接经费。企业承担重大专项课题发生的间接经费，符合税法相关规定的，允许在所得税税前扣除。

（四）创业投融资。加快推进省金融创新示范区建设，健全人才特区内的创业金融服务体系，形成政府资金与社会资金、股权融资与债权融资、直接融资与间接融资相结合的创业投融资体系。建立政府性创业投资引导基金，引导社会资金加大对人才创业创新的投入，重点支持投资于初创期或成长期科技企业的风险投资。建立创业投资服务中心，制定相应政策，大力集聚股权投资机构、股权投资管理公司和天使投资者在人才特区落户，促进人才与资本的对接。支持特区内企业境内外上市或并购重组，积极培育和服务上市企业。鼓励商业银行在人才特区创办科技支行或科技信贷专营部门，为科技创新型企业提供信贷服务。

（五）税收优惠。"十二五"时期，省里对人才特区内符合条件的新投资企业，按规定程序审核认定，其项目投产后 3 年内缴纳的增值税、营业税、企业所得税所形成的地方财政收入，按当年增收上交省部分予以杭州市、余杭区奖励性补助。杭州市、余杭区可根据实际统筹安排奖补资金，结合自有资金，出台支持企业发展的具体政策。特区内单位和个人从事技术转让、技术开发和相关技术咨询服务的收入免征营业税。2015 年 12 月 31 日前，人才特区内符合条件的科学研究、技术开发机构，在合理数量范围内进口国内不能生产或性能不能满足需要的科技开发用品，免征进口关税和进口环节增值税、消费税；人才特区内符合条件的科学研究机构和学校，以科学研究和教学为目的，在合理数量范围内进口国内不能生产或性能不能满足需要的科学研究和教学用品，免征进口关税和进口环节增值税、消费税。入选国家、省"千人计划"的海外高层次人才来华工作，进境合理数量的生活自用物品，可享受一定的税收优惠和便捷通关待遇。杭州市和余杭区要从实际出发制定政策，在一定期限内对人才特区内入选国家、省"千人计划"人才所缴纳个人所得税市、区留成部分给予奖励性补助。

（六）建设用地。省切块下达年度新增建设用地指标时，对人才特区给予适当倾斜。人才特区内贯通干道及对外交通基础设施建设项目列入省重大交通项目的，可申请使用省预留重大基础设施用地指标。杭州市、余杭区要优先保障人才特区用地需求，同时督促其加强土地集约利用。人才特区土地公开出让时，可细化行业分类，引导符合产业导向的企业和海外高层次创业创新人才进驻。对实验室、科研院所等项目，在招标拍卖挂牌出让时土地用途可设置为科教用地。高层次人才创办的企业总部、研发中心和产业化基地，可根据项目需求由政府建设，以租赁方式提供使用并给予一定租金补贴，企业可适时回购。

（七）外汇账户管理与结汇。外籍或取得海外永久居留权的留学人员取得的合法收入，可全部购买外汇携带或汇出境外。进一步改进人才特区外商投资企业管理，建立健全高科技中资企业外汇结算账户、跨国公司研发机构研发经费专用外汇账户、外商投资企业外汇账户等各类企业外汇账户的分类管理制度。

（八）人才培养。积极鼓励特区内高层次人才和团队申报省特级专家、"151人才工程"、省重点创新团队等人才工程。入选国家"千人计划"的海外高层次人才，可直接认定相应高级专业技术资格。吸收符合条件的国家、省"千人计划"人才进入省科技项目评审和人才评审专家库。支持高校教师、科研院所研究人员经所在单位备案后到人才特区创办企业或到企业兼职，开展科研项目转化的研究攻关，享受股权激励政策，个人身份和职称保持不变。鼓励境内外专家在特区内长期或者短期从事技术创新、讲学、学术交流活动以及各类合作活动。鼓励符合条件的创业人才和企业创新人才到高校、科研院所担任兼职教授或客座研究员，从事教学或合作开展科研课题研究，联合培养研究生。加强浙江大学海外高层次人才驿站与人才特区的合作。

（九）居留、出入境和落户。按照国家有关规定和程序，符合条件的外籍高层次人才及其随迁配偶和子女可申请永久居留，为其办理《外国人永久居留证》。对于尚未获得《外国人永久居留证》的外籍高层次人才及其配偶和子女，需多次临时出入境的，可申请办理《浙江省海外高层次人才居住证》，凭居住证办理相应期限的居留许可或申请多次入境有效 F 签证。对于愿意放弃外国国籍、申请加入或恢复中国国籍的，优先为其本人及其配偶、子女办理加入中国国籍并落户浙江的手续。具有中国国籍的高层次人才及其配偶和子女，可不受户籍所在地的限制，直接在我省居住地落户。

（十）人才生活保障。人才特区要加快人才专用房建设，建立人才住房奖励政策，对不同层次人才给予专用房出售、购房补助、租房补贴等优惠。高层次人才配偶随迁并无法安排工作的，由用人单位参照本单位人员平均工资水平，以适当方式为其发放生活补贴、按规定办理社会保险，其出国前的缴费年限可累计计算。

人才特区内持有《浙江省海外高层次人才居住证》人才的子女，按当地户籍人口同等就近接受义务教育。入选国家、省"千人计划"人才的子女需就读当地民办学校的，由当地有关部门优先帮助协调。符合医疗照顾待遇的高层次人才由当地落实相应医疗照顾待遇，设立定点医疗机构提供优质医疗服务，开展定期健康检查。所需医疗资金通过现行医疗保障制度解决，不足部分由用人单位按照有关规定予以解决。鼓励有条件的医院与境内外保险公司开展商业医疗保险合作，方便海外高层次人才在浙就医。支持未来科技城根据需要规划建设国际学校，方便外籍人才子女就学。

四、建设人才特区的组织领导

在省委人才工作领导小组的指导下，由省委组织部牵头，杭州市委、市政府、省发改委、省经信委、省教育厅、省科技厅、省公安厅、省财政厅、省人力社保厅、省国土资源厅、省建设厅、省商务厅、省卫生厅、省国资委、省地税局、省工商局、省金融办、省国税局、杭州海关、人行杭州中心支行和余杭区委、区政府共同组成浙江杭州未来科技城建设人才特区工作指导委员会，负责人才特区建设的组织领导和统筹协调。杭州市和余杭区具体负责人才特区的建设工作。

浙江省科研机构创新基地（青山湖科技城）可参照此政策执行。

参考文献

［1］顾新.区域创新系统论［M］.成都：四川大学出版社，2005.

［2］［美］亨利·切萨布鲁夫.开放式创新——进行技术创新并从中赢利的新规则［M］.北京：清华大学出版社，2005.

［3］［美］威廉·米勒，玛格丽特·韩柯克，亨利·罗文.硅谷优势——创新与创业精神的栖息地［M］.北京：人民出版社，2002.

［4］孔令刚，蒋晓岚.区域创新资源与区域创新系统：基于安徽的区域创新特色研究［M］.合肥：合肥工业大学出版社，2011.

［5］［美］巴里·M.卡茨.创新生态密码：硅谷进化史［M］.北京：中信出版集团，2017.

［6］科技部火炬高技术产业开发中心，北京市长城企业战略研究所.中国增长极：高新区产业组织创新［M］.北京：清华大学出版社，2007.

［7］陈益升.高科技产业创新的空间——科学工业园研究［M］.北京：中国经济出版社，2007.

［8］认识战略价值加强政策聚焦更好推进发展［N］.联合时报，2019-01-22（007）.

［9］王振旭，朱巍，张柳，等.科技创新中心、综合性国家科学中心、科学城概念辨析及典型案例［J］.科技中国，2019（1）：48-52.

［10］彭劲松.我国科学城的定位和战略功能布局——以重庆为例［J］.城市，2018（10）:3-12.

［11］霍国庆，杨阳，张古鹏.新常态背景下中国区域创新驱动发展理论模型的构建研究［J］.科学学与科学技术管理，2017，38（6）：77-93.

［12］陈露，余炜楷.产业新城"产城融合"发展机制——以广州科学城为例［C］.中国城市规划学会、贵阳市人民政府.新常态：传承与变革——2015中国城市规划年会论文集（09城市总体规划）.中国城市规划学会、贵阳市人民政府：中国城市规划学会，2015:597-606.

［13］袁晓辉，刘合林.英国科学城战略及其发展启示［J］.国际城市规划，2013，28（5）：58-64.

［14］刘平，陈建勋.日本"国际战略综合特区"及其制度政策创新［J］.现代日本经济，2016（2）：1-12.

［15］孙艳艳，张红，张敏.日本筑波科学城创新生态系统构建模式研究［J］.现代日本经济，2020,39（3）：65-80.

［16］李国平，杨艺.打造世界级综合性国家科学中心［J］.前线，2020（9）：69-71.

［17］赵勇健，吕斌，张衔春，等.高技术园区生活性公共设施内容、空间布局特征及借鉴——以日本筑波科学城为例［J］.现代城市研究，2015（7）：39-44.

［18］钟坚.日本筑波科学城发展模式分析［J］.经济前沿，2001（9）：31-34.